心理健康: 追寻灵性

TORN CURTAIN PUBLISHING
奥克兰, 新西兰
www.torncurtainpublishing.com

ISBN 软封面 978-1-991299-67-3 (softcover)
ISBN 电子书 978-1-991299-68-0 (ePub)

本书内容无意替代专业心理或精神护理, 建议, 诊断或治疗抑郁症, 焦虑症, 躁郁症或任何其他心理健康问题。

本书中描述的一些人物姓名和身份信息已被更改, 以保护其隐私。

经文引自中华基督教会联会出版的《圣经·和合本》。经授权使用。版权所有。

标有NKJV的经文引用取自《新英王詹姆斯版本》(New King James Version)。版权归托马斯·纳尔逊公司(Thomas Nelson, Inc.)所有, 1982年版。经许可使用。版权所有。

排版:Han Serif

出版数据编目

标题:心理健康:追寻灵性:一位基督教精神科医生对恐惧和焦虑的理解

作者:黄锦成医生

主题:基督教生活, 心理健康, 精神疾病, 焦虑症, 基督教精神, 咨询, 抑郁症, 心理健康与幸福, 强迫症, 注意力缺陷多动障碍, 情绪健康, 圣经研究, 基于信仰的心理治疗, 牧区资源。

该书在新西兰国家图书馆有收藏。

我认识黄锦成和他的妻子格瑞西亚已经很多年了。他是一名专业合格的精神科医生，也是一名虔诚的基督徒。在这本书中，黄锦成医生巧妙地探索了现代精神健康疗法与灵性之间的界限。他非常了解现代精神医学的实践，包括药物处方和心理咨询。但在治疗因压力和焦虑而出现心理健康问题的患者时，黄医生动地描述了一些患者因对上帝的信任和信心的无形力量而得到了康复。

我很好奇，在这本书中，黄医生是如何如此清晰地概述许多人每天面对的心理挣扎的。作为一名牧师，我有时会感到周围都是遭受心理创伤的人。我们的世界充满了内心的挣扎，有些人能够取得胜利，有些人则不太成功，但每个人都会经历这种挣扎。在这本书中，黄医生展示了他对圣经的智慧和洞察力。这也提供了他治疗内心创伤的额外工具。我向所有致力于理解和帮助周围的人的工作者推荐这本书。

— **彼得·苏卡西勒**
以色列卡梅尔会众联合创始人

《心理健康：追寻灵性》将受到耶稣的信徒和教会领袖的欢迎。他们都在寻求加深对个人信仰与心理健康问题之间关系的理解，而这些问题是我们这个世界上许多人每天都要面对的。这本书发人深省，见解深刻且实用性强，它将深刻的圣经真理与数十年的临床专业知识相结合，以帮助信徒体验耶稣所许诺的丰盛生命。阅读本书的人将得到极大的祝福！

— **詹姆斯·黄**
悉尼安科尔教堂副牧师

《心理健康：追寻灵性》是黄医生毕生的心血之作。它凝聚了作者多年临床实践的心血，真实地反映了人类痛苦和基督徒的应对之道。这本书巧妙地综合了复杂的主题，以一种易于阅读的形式向读者呈现了作者数十年的智慧。作为朋友和同事，我强烈推荐这本书。

— **维尔纳·泰希特**
悉尼和南非临床心理学家

三十多年来，黄锦成医生一直在帮助儿童，青少年及其家庭保持心理健康。黄医生在精神科领域和基督教社群中都是一位领军人物。我们很幸运，他将他渊博的专业知识浓缩在了《心理健康：追寻灵性》一书中。书中不仅敏锐地观察了基督徒为何无法免受生活在这个世界上的挑战，还探讨了世俗心理和精神治疗如何与基督教世界观相结合，帮助我们获得心理健康。这本书对基督徒，牧师和专业人士来说都是一本重要的书，我很高兴向所有人推荐这本书。

— **特伦斯·林**
悉尼精神科顾问医生

《心理健康：追寻灵性》一书为当今关于心理健康与基督教精神之间关系的严肃对话做出了卓越贡献。黄锦成医生作为执业精神科医生拥有丰富的经验，同时他对基督教信仰和灵性有着坚定的信念。这两者的完美结合使这本书对每个人来说都弥足珍贵——所有需要了解基督教灵性内涵的精神科医生，陪伴教会成员应对精神问题的当地牧师，以及所有在黑暗中苦苦挣扎的基督徒。这本书以科学为基础，符合神学原则，在灵性上给人以鼓舞。

— **乔斯·阿迪普拉塞特亚**
印尼，雅加达神学院

黄锦成医生的《心理健康：追寻灵性》一书对心理健康与灵性满足之间的紧密联系进行了变革性的探索。黄医生凭借其在儿童和青少年精神病学方面的丰富背景，从文化和精神的角度为读者提供了对心理健康的深刻理解。这本书不仅有助于提高理解力，还为个人提供了增强其情感和精神韧性的实用策略。本书充满富有同理心的见解和切实可行的建议，对于任何希望加深对精神如何深刻影响心理健康并促进整体健康的人来说，都是不可或缺的资源。探索由该领域顶尖专家撰写的指南，它能够赋予您力量，并为您提供启迪。

— **彼得·陈**
马来西亚鹰巢王国家庭

我认识黄锦成医生很多年了，我非常钦佩他追求卓越的精神和对上帝话语的深刻委身。在过去的几十年里，基督徒们越来越渴望更深入地理解并采用有益的方法来治疗心灵创伤。我相信，精通医学实践并深谙圣经神学的黄锦成医生在这本书中做出了重大贡献。看到这本书出版，我感到非常兴奋。它让我想起了这样一句话："没有什么比一个时机已到的想法更有力量了。"（维克多·雨果）

— 保罗·金
荣耀国际教会牧师

简而言之，您手中拿的是一本里程碑式的书，它为如何治疗精神疾病提供了全新的范例。它为成熟的心理治疗模式与基督教精神信仰搭建了一座桥梁。我相信，这两种模式的融合为精神疾病患者提供了比以往更全面的治愈途径，仅凭出色的实践练习，这本书就值得一读！尽管放心，我一定会把这本书放在我的书架上……光是练习部分就值得一读——尤其是"锚定"自己在极度焦虑中的步骤，以及学习"静默与认识"的步骤，这是绝对的金科玉律。但我最喜欢的还是最后一章"凝视天父的脸"中的练习。这些练习现在将纳入我自己的常规精神训练中（感谢锦成！）。任何遭受恐惧或焦虑困扰的人都可以放心地运用这些简单而有效的练习，从中发现上帝的平静，这可能会永远改变他们的生活！

这本书为所有心理健康问题患者带来了希望，因为它为我们指明了如何与天父建立深厚亲密关系的道路——天父始终是我们所有疾病的解药。

— 保罗·瑞安
悉尼爱流中心总监
澳大利亚, 太平洋和印度次大陆区域总监
爱流国际事工执行领导层成员

心理健康：追寻灵性

一位基督教精神科医生
对恐惧和焦虑的理解

黄锦成医生

目录

黄锦成医生是出生于马来西亚的澳大利亚儿童,青少年及家庭精神科医生,目前在悉尼从事兼职私人执业。他早年成长于马来西亚槟城,但人生大部分时间生活在澳大利亚,这种跨越东西方的经历使他成为真正的双重文化践行者。除英语外,他通晓多种语言,既深谙儒家经典之学养,又熟稔犹太-基督教传统之精髓,堪称东西方智慧交融的典范。

作者序

数年前，我曾为一家基督教机构举办过系列心理健康讲座。意识到这一议题亟需更深入的探讨后，我决定撰写一部专著，却因诊所事务繁忙，仅完成两章便搁置了笔。倘若当时坚持写完，那本书的内容定会与您此刻手中的这本大相径庭。这些年，我对基督教灵性的认知不断深化，新的领悟与实践已深深融入我的个人生活和专业工作。

促使我重拾未竟之作的契机，源于在远东与东南亚地区教学时的观察。在那里，我目睹了与澳大利亚本土相似的心理健康问题激增现象。更值得注意的是，心理困扰的侵袭不分宗教信仰——基督徒与非信徒一样，承受着同等程度的生活压力，不确定性，人际冲突，经济重负，地缘政治动荡的连带伤害以及各类创伤。尽管基督徒的世界观以信仰为根基，但在现有的心理健康治疗体系中，这份信仰资源却鲜被触及。本书正是为了填补这一空白而作。

我刻意以通俗语言撰写此书，摒弃专业术语与心理学行话。这不是一本精神科教科书，而是一次邀请：邀请您走进我的专业领域，也踏入我信仰的内心世界。无论您是否正经历心理困扰，我都希望本书能助您更深刻理解心理健康议题，同时看见基督教灵性对心理健康领域的独特贡献。

请勿误解——我绝非以"幻灭的精神科医生"姿态否定现有疗法。我绝不认同"精神治疗无效，心理咨询徒劳"这类论调。但基于三十年的临床实践，以及对患者内心世界与灵性生活的长期关注，我愿向医疗同行与教会牧者笃定直言：在心理健康管理领域，尚有一条更卓越的道路可循。

写作此书于我而言是莫大的祝福。愿阅读此书的您，亦能同沐此恩。

第一部分

心理健康与灵性

第1章

现代社会中的心理健康

我们生活在一个压力和焦虑日益加剧的世界，但值得庆幸的是，人们对心理健康问题的认识和态度也比以往任何时候都更加开放——尤其是在西方。自20世纪50年代第一种用于治疗精神分裂症的抗精神病药物问世以来，神经科学家和医生已经开发出大量用于心理健康治疗的药物。因此，与上世纪相比，精神疾病患者遭受歧视的可能性更小。然而，尽管取得了这些进步，人们对精神健康的认识和关注程度也有所提高，但人类却比以往任何时候都承受着更大的压力。

精神健康问题的普遍性

"压力"一词在二十世纪才开始用于精神健康问题。匈牙利医生汉斯·塞利(Hans Selye)通常被认为是压力研究领域的先驱[1]。在20世纪30年代进行观察之前，"压力"一词更常用于物理科学领域。在研究各种金属的物理特性时，科学家使用不同强度的压力来"测试"金属，以确定其变形的确切点。就像压力施加到金属上会导致剧烈变化一样，压力施加到人身上也会扭曲我们的人性，影响我们的行为。作为一名基督教精神科医生，我相信人类是按照上帝的形象创造的(创世纪1:26，2:7)，上帝赋予我们情感，智力和意志，让我们能够充分发挥这些能力。然而，压力会导致我们无法按照上帝的意愿过上理想的生活。虽然压力在现代世界中不可避免，但我们可以通过了解人类压力的本质和成因，压力对我们产生的影响以及如何最好地应对压力甚至克服压力来

---

1 汉斯·塞利 (1936). 一种由多种多样有害因素产生的综合征. 自然, 第138卷(3479期), 32页.

开始重新获得最佳生活。

20世纪50年代，随着《精神障碍诊断与统计手册》的出版，心理健康分类的标准化在西方世界开始形成[2]。这使心理健康问题得到了更好的识别，诊断和治疗。尽管如此，包括我在内的部分心理健康从业者认为，过去五十年间，心理健康问题的发病率总体呈上升趋势。心理健康专家目前正在确定许多被认为是"新出现"的心理健康问题。其中包括创伤后应激障碍（PTSD），复杂创伤后应激障碍（C-PTSD）和自闭症谱系障碍（ASD）。

最近，世界卫生组织承认了新冠肺炎疫情对心理健康的影响，并报告称全球心理健康问题因此有所增加。疫情带来了各种新的压力，包括对健康，社会隔离，经济困难和日常生活中断的担忧。这些压力导致全球许多个人和社区的心理健康问题日益严重。在我从事精神科工作的悉尼，心理健康问题层出不穷。许多精神科医生的新患者候诊时间长达十二个月或更久。有些人甚至不再接收任何新转诊患者。至少在澳大利亚，精神健康问题似乎已经达到了流行病的程度。

在COVID-19大流行之前的两年中，据估计有14.3%的18至34岁的澳大利亚人报告说他们有高度或非常高度的心理困扰——这表明该年龄段人群的焦虑和抑郁程度[3]。在2020-21年，这一数字上升到了20%（16-34岁的澳大利亚人）[4]。自杀是这一年龄段人群最常见的死因，这并不奇怪。事实上，从2019年到2021年，自杀是15-24岁澳大利亚人中的主要死因[5]。

自残虽然与自杀有着不同的根源，但似乎也在增加。虽然自残通常是为了释放情绪痛苦和压力，而不是结束自己的生命，但自残比我们通常认为的要普遍得多，特别是在年轻人中。许多年轻人通过穿着能够隐藏烧伤和撕裂伤痕迹等证据的衣服，成功地掩盖了他们在自残方面的挣扎。

在过去三十年的儿童，青少年和家庭心理医生实践中，我目睹了心理健康问题的普遍性和复杂性都在增加。当我刚开始接受精神病学培

2 美国精神病学协会，《精神障碍诊断与统计手册》（DSM-I）。美国精神病学协会，1952年
3 https://www.abs.gov.au/statistics/health/mental-health/national-study-mental-health-and-wellbeing/latest-release
4 https://www.abs.gov.au/articles/first-insights-national-study-mental-health-and-well-being-2020-21
5 https://www.aihw.gov.au/reports/life-expectancy-deaths/deaths-in-australia/contents/leading-causes-of-death

训时,临床医生仍在使用上一代的抗抑郁药,抗精神病药和情绪稳定药。第一代"新一代抗抑郁药"(俗称百忧解)的出现曾引起人们的热烈欢呼,作为年轻医生,我们当时希望,通过开正确的药,最终可以克服导致抑郁症的社会和情感因素。然而,事实并非如此。尽管有最好的诊断和治疗方案,压力、焦虑和抑郁却比以往任何时候都更普遍。据估计,在任何时间点,澳大利亚有25%的人口存在可诊断的心理健康问题。此外,初级家庭医生进行的咨询中,多达90%直接或间接与某些潜在的心理健康问题有关。

换言之,我们的大多数身体疾病和问题都与心理健康问题直接相关——无论患者是否向医生坦白自己的精神状态。令人震惊的是,许多心理健康问题伪装成各种疼痛,其中最常见的是背痛。此外,长期遭受健康问题困扰(如慢性疼痛)的人更容易患上焦虑症和抑郁症。这是一个恶性循环。

心理健康问题的复杂性

在我整个职业生涯中,我注意到最大的变化之一是治疗心理健康问题的难度越来越大。当我刚开始从事精神科医生工作时,很少有患者服用一种以上的抗抑郁药或情绪稳定药。如今,患者可能会因同一疾病服用多种药物。为心理健康问题开多种药物的医生不再会受到指责或被视为无能。相反,人们认识到,更复杂的精神健康问题需要更复杂的治疗方法。

这在注意力缺陷多动障碍(ADHD)患者甚至高功能自闭症(ASD 1级)患者的治疗中尤为明显。过去,我可以根据对疾病的单一诊断,为年轻患者申请特殊教育支持。如今,我不能保证这些患者同样符合获得帮助的条件。这并不是因为教育局突然变得铁石心肠,而是因为那些患有焦虑症和抑郁症等"复杂"精神健康问题的人远远多于那些患有注意力缺陷多动症或自闭症一级等"简单"诊断的人。这是因为如今患有注意力缺陷多动症的儿童和青少年往往伴有焦虑症和抑郁症等精神健康问题,而资源总是有限的,因此优先考虑为那些诊断结果更复杂的人提供支持。

在我接受精神病学培训期间,教授们告诉我,焦虑和抑郁等心理健康问题是有时间限制的,而精神分裂症则是终身的折磨。然而,这种观点也发生了巨大变化。如今,与任何心理健康从业者交谈,他们都会告诉你，心理健康问题的复杂性和严重性都在增加。事实上，我们中的许多人都有这样的患者，无论我们尝试什么方法，他们似乎都对治疗有抵触情绪。心理健康问题正在增加，而且越来越难以解决。与许多同事一样，我见过许多患有慢性抑郁和焦虑症的患者。他们按时吃药，认真参加咨询和心理治疗，并尽责地照顾自己的健康。然而，他们的抑郁和焦虑仍未完全缓解。我非常敬佩他们，敬佩他们面对持续不断的挣扎和似乎永无止境的痛苦仍能坚持生活的勇气。

虽然抑郁和焦虑是我们社会中两种"主流"精神疾病，但在这本书中，我们将重点关注焦虑而非抑郁。抑郁症的复杂性和治疗方法需要单独成书。相反，我们将讨论*焦虑*和*恐惧*这两个方面的问题。

现在你可能会问："为什么还要写一本关于焦虑和恐惧的书？书店和图书馆里不是已经有很多这类书了吗？"的确，从医学，临床，心理学甚至非专业角度出发，关于恐惧和焦虑的书籍已经有很多。但我希望我能带来一个新的视角——灵性视角。许多人认为心理问题与灵性问题截然不同。我认为它们并非截然不同。虽然它们不是同义词，但两者之间存在明显的重叠，而且相互影响。事实上，最近的研究表明，一个人的灵性状态不仅会影响其心理健康问题，还会影响其*康复过程*。一般来说，如果患者的灵性状态得到认可并作为治疗的一部分，那么他们恢复健康和正常生活的能力就会比那些灵性状态没有得到认可的患者更快。

心理健康问题与灵性

除了从事儿童，青少年和家庭精神科医生的职业外，我还提供基督教牧养服务。在为病人祈祷并解决他们的问题时，我进一步认识到灵性信仰对我们的心理健康的重要性。我还发现，心理健康问题不分你我。基督徒和非基督徒都会面临心理健康问题。我们生活在同一个世界，都会受到世界变化的影响。

虽然变化有助于我们学会适应和调整，但也会带来压力。变化时期的不确定性往往会导致焦虑，而焦虑会对我们的心理健康造成负面影响，因此有时我们会逃避或害怕化。

有趣的是，我观察到我的基督教患者，朋友和熟人更难以接受心理健康这一概念。我的许多非基督教患者虔诚信教，对精神世界有着深刻的认知，但他们并不觉得心理健康与个人信仰之间存在矛盾。他们似乎更能接受信仰和心理健康共存，他们更愿意尽早寻求帮助，也更愿意遵从治疗。另一方面，我的基督教患者对心理健康持对立态度的可能性更大，他们迟迟不寻求帮助，并过早放弃治疗。但是什么导致他们对心理健康护理及其所有内容产生厌恶情绪呢？

我的大多数基督教患者都是通过口口相传找到我的。还有一些人是在心理健康研讨会或基督教会议上听过我的演讲。我并不以基督教精神科医生的身份做广告，但我公开我的信仰，并不隐瞒。因此，在我的诊所里有很多基督徒。

因此，我可以自信且根据经验断言，拥有基督教信仰并不能让我们免受压力和焦虑的影响。它不能阻止我们遭受童年不幸，成长环境恶劣，创伤或人生错误选择的影响。这些人生经历可能发生在任何人身上，无论信仰如何，都会让人更容易患上心理健康问题。

尽管如此，研究表明，任何宗教信仰通常都能为心理健康问题患者带来更好的预后（尽管正如我们所看到的，它并不能从一开始就防止心理健康问题出现）。对于基督徒来说，这种康复并最终战胜疾病的希望建立在他们与耶稣的关系上，与耶稣所说的话相一致：

我将这些事告诉你们，是要叫你们在我里面有平安。在世上你们有苦难，但你们可以放心，我已经胜了世界。

----约翰福音16:33

精神病学是一门非常特殊的学科。作为一名精神病学家，我与患者朝夕相处，常常陪伴他们度过人生的漫长岁月。在此期间，我们之间形成了治疗性的纽带，让我能够在他们克服心理健康问题的过程中给予希望。我很荣幸能够从患者身上学到很多东西，而他们也从我的身上学到很多东西。我钦佩许多人的勇气，他们坚持不懈，直到取得胜利。我为他们胜利的喜悦而感到高兴，也体会他们痛苦时的煎熬。我见过一些患者通过服药病情好转，还有一些患者拒绝服药，但通过咨询和心理治疗取得了胜利，还有一些患者通过个人对精神健康的理解，最终获得了治愈。

尽管如此，我相信还有更好的方法将基督教灵性融入主流实践。药物治疗，心理咨询或心理治疗固然有益，但当我们融入基督教灵性时，我们就能为心理健康带来更全面的方法。正是从这个角度出发，我写下了这本书，希望提供一种全新的评估方法，为我们的患者带来更好的结果。

在约翰福音10:10中，耶稣说：

> *盗贼来，无非要偷窃，杀害，毁坏；我来了，是要叫羊（或作"人"）得生命，并且得的更丰盛。*

这本书讲述的是如何在心理健康问题中体验丰盛的生命。它讲述的是克服这些问题，实现目标的过程。它还探讨了将传统心理健康治疗与基督教信仰相结合的概念，潜在结果，甚至案例研究。

但在继续之前，让我们回顾一下本章开头提出的一个问题：为什么心理健康问题日益严重？

第2章

心理健康问题为何增加?

大多数心理健康专家都会同意,心理健康问题最近有所增加。然而,很难准确衡量这种增加。主要原因是,直到最近70年,精神科医生和心理学家才有机会使用更标准的"语言"来描述心理健康问题。第一部《精神疾病诊断与统计手册》直到1952年才问世。然而,尽管当时缺乏明确的词汇,现代精神病学的学科可以追溯到18世纪末或19世纪初。

正是精神分析学之父西格蒙德·弗洛伊德 (Sigmund Freud)开始扭转了人们对现代精神病学的理解和兴趣,极大地影响了精神疾病的研究和治疗。弗洛伊德强调无意识心理的存在以及童年经历对成人行为的影响。他认为心理健康问题是我们心理冲突的结果。他还提出神经症源于无意识的冲突和童年经历。因此,某些传统上被视为精神疾病的状况不再被归类为精神疾病健康问题,而其他状况则被更准确地命名和识别。例如,到了20世纪中期,弗洛伊德的作品开始在全球范围内引发关于精神分析的讨论近100年后,"焦虑"这一诊断开始普及,取代了更笼统的"神经症"一词。当时,患有心理健康问题的二战老兵被认为是患有"炮弹休克"或"战争神经症"。如今,我们一致认为他们可能患有创伤后应激障碍(PTSD)。

尽管很难对心理健康和福祉进行长期定性或定量分析,但我与许多同事一样,认为自我们开始从事这一领域的工作以来,心理健康问题一直在增加。

造成这种情况的原因有很多。其中大部分(如果不是全部的话)包括我们这一代所经历的快速环境和社会变化——这些变化超出了我们的适应或应对能力。社会环境的变化，无论是积极的还是消极的，通常都会带来不确定感。人们需要用新的模式取代旧的，才能在日常生活中正常运转。如果变化太多，或者变化接踵而至，我们就会很快失去对稳定感和控制感的把握。

回顾我过去三十多年的职业生涯，我可以提出几个具体且合理的理由来解释心理健康问题为何日益增多：

技术进步

我花了很长时间才适应了我们所处的这个数字时代。我属于在模拟世界中成长的一代，当我不得不适应数字环境时，我已经二十多岁了。我记得磁带和录音机，VHS磁带，数字多功能光盘(DVD)以及随后直接流媒体时代的到来。我经历了从随身听到随身碟再到苹果音乐播放器(iPod)再到声破天(Spotify)的转变。我学会了适应数字世界，但需要一段时间才能适应使用网上银行。我更喜欢收到实体账单，写一张纸质支票，或者付现金，然后看着别人在我的账单上盖章，表示已经"付款"。这些微小的变化在我们的社会中已经被接受，并被认为具有积极意义，因为它们提高了效率，使生活更加精简。即使这样，我仍然更喜欢走进商店，在那里我可以看到，触摸，感受和处理商品，而不是在网上购买。我无法仅凭餐厅的照片墙(Instagram)页面判断其是否提供美味的食物。对于这类决定，我完全依赖我的成年子女，他们能够轻松应对数字时代。

数字时代的到来虽然带来了诸多好处，但也带来了当今人类文明所特有的心理健康问题。我见过许多因不当和过度使用互联网而生活受到负面影响的患者。这个问题不仅限于儿童和青少年，在成年人中也普遍存在。虽然网络成瘾尚未列入《精神障碍诊断和统计手册》第五版（目前全球精神科医生普遍使用的公认分类和诊断工具），但这些患者明显表现出痴迷的症状。社交焦虑症患者尤其容易受到这种强迫症的困扰，因为网络为他们提供了另一种"现实"。但反过来，这又加剧了他们在现实世界中的社交焦虑。这种挣扎在神经多样性患者中尤为明显，例如自闭症谱系障碍和注意力缺陷多动障碍患者。沉浸在技术虚拟世界中导致的社会孤立和退缩，进一步加剧了神经多样性患者的社会关系问题。

矛盾的是，社交媒体让人们孤立，而不是联系。有意义的社交关系——

促进心理健康并预防心理问题——很少在网络空间中建立,而是在人与人之间共享的人际空间中建立。人类是关系型生物,在协作体验和相互支持中生活才会更加丰富多彩。没有什么比分享笑声更快乐了。当痛苦被分担时,悲伤也会减轻。即使是陌生人的微笑,也足以激发您自己的灵感。相反,文字,表情符号甚至GIF动画都无法让我们清楚地了解发送者的当前体验和情绪。人们经常在社交媒体上发布自己生活的点滴,焦急地等待积极的回应——一个竖起的大拇指,一个拥抱的图标,一个笑脸,一阵掌声——当回应不如预期时,他们就会表现出真正的沮丧。如果没有通过社交媒体发出的邀请,许多年轻人就会孤独地度过周末。更糟糕的是,社交媒体是欺凌,排斥和嘲笑传播的便捷途径。我治疗过的年轻人中,有太多人患有严重社交焦虑症和抑郁症,以至于他们选择自残来应对痛苦。他们中的一些人甚至服用了过量的药物,试图消除难以忍受的恐惧和伤害。值得庆幸的是,我治疗过的患者中没有一人因此丧命。但我认为"网络欺凌"是一种新的危险现象,它给这一代人带来了巨大的情绪困扰和精神健康问题。

值得庆幸的是,在我治疗过的青少年中,大多数经过一段时间的心理辅导后,都重新开始享受线下生活。我的方法并不复杂。除了提供咨询以解决他们的问题并处理个人问题外,我还会陪伴这些青少年,理解他们因孤立而产生的痛苦,肯定他们被接纳的需求,并介绍他们参加有益身心且具有社会性的团体活动,例如当地教堂的青年团体或社区童子军计划。加入这样的团体对人类来说至关重要,它能在精神,情感和社会层面滋养我们。被接纳和被包容的好处怎么强调都不为过。

全球化

全球化是最近发生的另一项社会变革,对许多家庭产生了特别的影响。我目前的工作地点位于澳大利亚悉尼一个相对富裕的地区。这个社区中的许多父母从事高端工作,需要全年出差到其他国家。他们所工作的公司不再局限于一个国家,而是现在,高管和经理们负责整个区域(例如亚太地区)的业务。这些高管每年有六个月的时间在海外度过,错过下一代人生中的里程碑事件和关键时期,这并不罕见。因此,他们的子女很难与压力重重的父母建立有意义的联系,这些年轻人往往最终会患上严重的心理健康问题。不幸的是,他们很容易获得高可支配收入，这使他们更容易使用非法药物。作为这些年轻人的治疗师，往往需要扮演父母的角色，提供有益的建议，并帮助他们解决成长和人际交往问题。

从更广泛的角度来看，全球化催生了"地球村"，但却没有带来实际联系的好处。许多人跨时区工作，在家办公的趋势导致个人空间和工作空间之间的界限变得模糊。一个人可能在一天工作结束后退出网络，但下班后又重新登录，与远在地球另一端不同国家的客户联系。另一个人可能属于一个跨越州甚至国家的团队。澳大利亚属于亚太地区，这意味着这里的人可能会与来自中国，日本，东南亚和印度的同事一起工作。公司员工的广泛分布可能会使个人感到疏离和沮丧，进而导致心理健康问题。即使是简单的社交机会，例如在早茶时闲聊或互相祝福周末愉快，也有助于人们在工作环境中建立积极的人际关系，促进心理健康。

我曾亲自治疗过一些焦虑症患者，他们患上焦虑症的直接原因是在全球团队中担任孤独的员工。其中一位患者是数字媒体架构师，在悉尼为伦敦的公司工作。另一位患者也在当地工作，但向欧洲母公司汇报工作。这两位患者在与其他团队成员隔离，没有任何人际联系的情况下工作时，都出现了恐慌发作的倾向。他们还经常怀疑自己的工作表现。有趣的是，在他们辞职后不久，恐慌发作就停止了。这两个案例凸显了人类与他人建立有意义的实际联系的强烈需求。如果没有这种联系，我们可能会失去共同的人性。

在电影《荒岛余生》中，主角查克·诺兰（Chuck Noland）在飞机失事后发现自己被困在一个荒岛上。为了摆脱深深的孤独感，查克在排球上画了一张脸，并命名为"威尔逊"（Wilson）。随着时间的推移，查克与"威尔逊"之间形成了深厚的情感联系，他拼命地寻找着没有的陪伴，但徒劳无功。也许，这就是上帝为亚当创造夏娃，为夏娃创造亚当的原因（创世纪2:18）。人类需要与他人建立亲密关系。

全球化带来了前所未有的认知水平和相互联系。但归根结底，我们被创造出来是为了在个人层面上相互了解。而全球化永远无法满足这种对亲密关系和友情的基本需求。

气候变化

我们生活在一个前所未有的不确定时代, 这主要归因于互联网带来的信息获取和全球通信的双重爆炸式增长。一个引起人们焦虑的热门话题是气候变化及其对地球造成影响的全球变暖。关于气候变化是否存在以及全球变暖是否是使用化石燃料的结果, 争论不休。随着可能的解决方案的讨论继续进行, 争议也层出不穷。作为普通民众, 我们很难应对海平面上升, 海洋生物遭到破坏, 天气状况难以预测以及我们自身在地球上的生存受到威胁等前景。

儿童和年轻人受这些全球性灾难的影响更大, 他们甚至认为生命即将灭绝。我曾治疗过一些年仅七岁的患者, 他们对此事感到焦虑和抑郁。其中一位患者显然很不开心, 焦虑严重, 并且不愿与人交往。在我与他进行的第一次会谈中, 我请他告诉我他的三个最大愿望是什么——这是一种温和的策略, 它让我能够了解孩子的内心想法和潜意识。这个七岁男孩的第一个愿望是"没有气候变化, 这样我的家人就能活下去"。结果发现, 他一个朋友的父亲是一名从事环境保护工作的环境科学家。在这个孩子焦虑和抑郁之前, 他的朋友已经向他介绍了我们许多成年人思考和辩论的话题——气候变化。

事实上, 我有很多儿童和青少年患者深受"气候焦虑"的影响。杰西嘉(化名)是我的一个神经多样性患者。我第一次见到杰西嘉时, 她才六岁。当时, 我诊断她患有自闭症谱系障碍。从那以后, 她一直由我照顾, 我很荣幸能看着她长大, 并帮助她在这个对自闭症患者来说常常令人不安的世界中前行。但在最近一次复诊时, 杰西嘉的母亲告诉我, 她十二岁的女儿近几个月来变得越来越焦虑。除了焦虑加剧, 杰西嘉还出现了强迫症, 晚上多次检查房门。如果不反复检查, 她无法安然入睡。在复诊期间, 杰西嘉告诉我, 她活不过二十四岁。她坚持认为, 地球上的生命将在十二年后灭绝。当我问她为何会有这种新的信念时, 她解释说, 她通过一些复杂的数学计算得出了这个结论。对于她的预测是否正确, 杰西嘉的态度没有任何改变, 只有当我增加她的药物剂量时, 她的焦虑才有所缓解。幸运的是, 焦虑的减轻减轻了她对环境问题的精神痛苦, 并使她的大脑能够学习新的策略来克服强迫行为。

气候变化是一个必须讨论的话题, 值得称赞的是我们这一代人正在努力保护我们星球, 确保子孙后代的环境可持续性。然而, 遗憾的是, 围

15

绕气候变化的大部分行动和宣传都是基于内疚和恐惧，而这两种情绪都是对我们的心理健康有害。此外，气候变化的话题经常被政治化。在竞选期间，政客们经常利用气候变化宣言和承诺来劫持辩论，以赢得选票。这往往导致愤怒，恐惧和内疚在普通民众中蔓延。推行某些政策过于严厉的政客们经常会让特定人群感到被针对和被残酷对待。例如，农民被迫承担净零排放的经济成本，导致许多农场蒙受巨大损失并最终倒闭。难怪在气候变化问题上，社区中会有如此多的愤怒，压力和焦虑。

战争与战争传言

许多人说人类文明建立在战争之上，我认为这种说法是正确的。在澳大利亚，选择古代史或现代史作为科目的高中生，都会学习战争史。就古代史而言，这包括伯罗奔尼撒战争；就现代史而言，这包括第二次世界大战，阿拉伯-以色列冲突，越南战争和美国南北战争。甚至作为犹太教和基督教信仰基础的《圣经》在新旧约中也有许多战争故事。正如《圣经》中记载的那样，上帝的子民曾与埃及，亚述，巴比伦，波斯，希腊和罗马等大国发生过冲突。似乎只要有人的地方就有战争。

战争和战争画面从来都是不愉快的，它们在我们的心理和精神上留下了不可磨灭的印记。八年前，我和家人去越南度假。在那里，我们参观了胡志明市的战争博物馆和朱志隧道。面对越南战争的视觉画面，加深了我对战争暴行的理解对越南人民的影响。我对越南人民坚韧不拔精神的敬意倍增，而我的新见解也帮助我更好地理解了我们澳大利亚的越战老兵。我之前曾治疗过患有创伤后应激障碍的住院老兵，并从医学教科书中研究了越战及其破坏性影响。但我所获得的知识并没有真正对我产生切实的影响直到我亲自访问越南。直到那时，那场战争的恐怖才真正进入我的内心，我想知道如果我当时生活在越南，我的生活会有什么不同。

过去，战争是发生在遥远国度里的遥远事件，当然，除非它发生在我们自己的国家。但科技将战争的残酷现实带入了我们的个人空间。在20世纪60年代和70年代，电视在大多数发达国家普及，让我们可以在自己家中接触到战争。随着互联网的普及，我们可以在任何地方接触战争——甚至在我们手持苹果手机(iPhone)或平板电脑的掌心。我们现在可以以光速接收新闻。几乎可以立即得知世界某个角落发生的事情，故事和图像会立即上传到网上。战争现在充斥在我们的工作场所,家庭,公共场所和个人设备中,因为它在我们眼前实时上演。

即使只是轻微接触战争,也会导致创伤后应激障碍。因此,通过数字媒体反复接触战争,即使没有直接经历战争的人也会受到间接创伤。一个例子是俄罗斯-乌克兰战争,在撰写本文时,战争仍在进行中。虽然这场战争主要局限于欧洲,但它迅速成为世界性的事件。全球政治家纷纷发表意见;各国被敦促支持或反对俄罗斯或乌克兰;地缘政治专家也加入战局。突然间,YouTube和其他社交媒体平台被另类媒体渠道挤爆,吸引了各自的追随者。第三次世界大战的阴影笼罩在我们的集体心理中,核战争的话题越来越多,世界各地的其他局势也变得更加动荡。

在我写这本书的时候,关于中国即将入侵台湾的言论出现在媒体上。在澳大利亚,一些政客对中国崛起感到担忧。一些人认为这是大国地缘政治平衡不可避免的转变的一部分。许多人担心自己和孩子的未来。他们觉得,通过改变我们的外交和国防政策,我们的政客将使对华战争变得更加不可避免。关于战舰,潜艇和在中国南海进行的海军演习只会加剧人们的焦虑和恐惧。

战争的残酷现实常常让人们感到恐惧和生存焦虑,基督徒也不例外。事实上,许多基督徒似乎特别容易受到战争爆发和战争传言的影响。这也许是因为耶稣在《马太福音》24:6中说过,他的到来和"时代的终结"之前会有这样的事件发生。

> *你们也要听见打仗和打仗的风声,总不要惊慌;因为这些事是*
> *必须有的,只是末期还没有到。*

由此我们可以得出结论,耶稣从未打算让人们因战争而感到恐惧和焦虑。然而,我的看法是,基督徒往往缺乏耶稣所给予的安全感。在基督徒中,我们对战争和战争传言有着不同的情绪反应。有些人对此类事件的发生感到无可奈何,觉得无能为力。另一些人则变得焦虑和恐惧,担心自己能否在末日般的战争中幸存下来。还有一些人则提醒自己,无论何时,上帝都承诺会创造更美好的未来。

然而,耶稣从未希望战争和战争传言让我们感到绝望或恐惧。在《约翰福音》16:33中,他承认"在世上,我们会有麻烦。"但当我们进一步阅读时,我们发现他的愿望是让我们拥有和平与希望。

*我将这些事告诉你们，是要叫**你们在我里面有平安。**在世上你们有苦难，**但你们可以放心，我已经胜了世界。***

希望帮助我们超越尘世，将痛苦和磨难视为暂时的经历。这就是为什么基督教精神非常重要。它让我们能够从另一个角度看待战争和战争传言。当我们从基督那里找到希望和安全时，我们就能更好地承受最痛苦的经历。

新冠肺炎疫情

新冠肺炎疫情是影响我们这代人心理健康状况的另一个因素。近年来，有精神健康问题的人病情加重，而原本没有精神健康问题的人也出现了新的问题。自全球疫情爆发以来，我们看到学生中焦虑，抑郁，药物滥用，自残，自杀和逃学的发生率有所上升。年幼儿童的发展进程也出现了延迟。尽管世界已经学会了与病毒共存，但随之而来的心理健康问题和影响仍在持续。

感染或疑似感染新冠病毒的人遭受了强烈的情绪困扰，包括高度焦虑和恐惧。重症监护室中插着呼吸管和呼吸机的病患图片引发了人们内心的死亡恐惧。住院患者深感孤独，害怕孤独地死去。无法到医院探望患者的亲人也感到痛苦，常常被恐惧，内疚和愤怒所困扰。为了防止病毒传播而采取的极端社会隔离措施导致焦虑和抑郁等心理健康问题激增。许多人过度饮酒或使用其他物质来缓解情绪困扰。失业，对政府强制执行隔离措施的过度干预，疫苗争议以及失去自主决定健康状况的权利，都引发了强烈的焦虑，愤怒和恐惧。持续的封锁措施和社会限制导致压力和抑郁增加，尤其是年轻人和老年人等弱势群体。

我的许多老年患者仍在从新冠疫情封锁带来的压力和焦虑中恢复。一位在大流行之前，我称她为"玛丽"的这位女士生活得很好。她独自一人生活，每天的生活安排得井井有条，包括健康的日常活动，有趣的郊游和社交聚会。她每天早晨散步开始新的一天，然后吃一顿清淡的早餐，在当地咖啡馆喝一杯咖啡。下午，她帮助当地教堂为其他语言使用者开设英语课程，与朋友聚会，或者购物和办事。晚上，她会花时间读书，与侄子和侄女通电话。但新冠疫情封锁的直接后果是，玛丽患上了严重的焦虑症和抑郁症。隔离，恐惧和不确定性对她造成了太大的压力，尽管接受了积极的治疗, 她还是没能从这些心理健康问题中恢复过来。她压力太大, 一段时间后, 她无法照顾自己, 更不用说教英语或看望朋友了。玛丽后来被送进了一家老年护理机构, 不再像以前那样充满活力, 自信满满。

我有很多年轻患者被诊断患有自闭症和注意力缺陷多动症等神经多样性障碍。还有一些患者尚未接受专业的心理健康诊断, 但大流行病过后, 他们有一个共同点: 他们很难全日制上学, 最终被诊断患有社交焦虑症。这些学生并不懈怠。他们也不懒惰。他们简直太焦虑了, 以至于无法去上学。他们中的大多数人非常害怕"感染新冠病毒", 由于他们无法很好地适应在线学习, 也无法与老师和同学交流, 他们的学习成绩开始落后, 许多人感到羞于"笨"。

新冠疫情对心理健康造成的长期影响尚未确定。据估计, 自疫情爆发以来, 压力, 焦虑, 抑郁和药物滥用现象激增了25%。但我们也知道, 心理健康问题很难被发现, 这意味着实际数字可能远不止于此。许多人因羞耻和绝望而默默忍受痛苦。通常, 那些因药物滥用等其它问题而掩盖了精神健康问题的人——他们试图通过自我治疗来缓解潜在的情绪困扰——因害怕被贴上瘾君子的标签而不敢寻求帮助。与此同时, 他们往往患有焦虑和抑郁等未被诊断的精神健康问题。虽然这场疫情可以说激发出人性中最好的一面, 但它也暴露了我们最深的脆弱性。几乎所有人都感受到了新冠疫情带来的心理影响这个时代的每个人, 其影响和后果可能会延续到后代。

解构

最后, 环境变化带来的焦虑正在发生, 因为我们生活在一个解构的时代。这种哲学在20世纪通过法国哲学家雅克·德里达的作品出现。解构是一个很大的话题, 超出了本书的范围和目的。据我所知, 解构主义的主要宗旨是强调主观性, 挑战语言和概念的固定含义。解构主义认为语言和概念是模糊的, 取决于解释和语境。它挑战善恶, 黑白等二元对立。它挑战绝对观念。解构主义对我们生活的各个领域产生了深远影响, 包括教育, 社会结构, 历史解读, 宗教, 艺术, 文学和心理健康。

简而言之, 解构主义是一种分析和解读的方法, 用于探寻意义。意义对于人类的重要性怎么强调都不为过。我们每个人一生中都会遇到这样的时刻, 特别是在青少年时期, 我们会问自己两个问题:"我是如何来到这个世界的?"和"我为什么在这里?"思考这些问题会引导我们审视自己的成长经历, 文化, 传统, 宗教信仰, 价值观和家庭实践。随着我们理解能力的提高, 我们会保留那些我们认为对我们有意义的东西, 舍弃那些不再适合我们的东西, 并将新的观点融入我们的个人信仰体系。在这个体系中, 有许多我们认为绝对, 永恒且不变的观点, 例如对上帝的信仰, 某些道德准则以及我们如何处理人际关系。我们的个人信仰体系在有意或无意间影响着我们的生活。它就像指南针一样, 指引着我们的人生旅程, 影响着我们的行为和方向。拥有坚定的信仰体系有助于我们坚定对生活和自我的认知, 从而减少焦虑和恐惧。

然而, 我们中的一些人无法很好地应对解构。当一层新的理解被揭示出来时, 我们仿佛感觉脚下的地毯被抽走了。我们害怕进入这个未知的新领域, 因为所有曾经熟悉的事物突然变得陌生和不确定。有些人甚至觉得解构先前的想法意味着他们从一开始就没有真正理解这个实体。不管他们认为自己面对的是什么, 那终究不是真的。由此产生的不确定感和失控感可能会加剧焦虑问题。

作为人类, 我们渴望一种连续感。我们需要与过去建立联系——事实上, 只有通过昨天和前天发生的事情, 我们才能知道自己今天在哪里。我们的过去定位了我们, 为我们正在经历的生活提供了参照。如果没有它, 我们将陷入生存危机。短暂性全面性遗忘症 (TGA) 是一种医学病症, 患者会在数小时内丧失记忆, 无法回忆起近期发生的事件。在短暂性全面性遗忘症发作期间, 患者会因个人历史和意义的连续性丧失而感到迷失, 困惑和恐惧。当一个社会因蓄意解构而集体丧失记忆或连续性时, 就会陷入危机, 从而面临更大的心理健康问题风险。

当我们开始认为一切都是相对的时, 我们就失去了绝对的标准, 从而陷入一种持续的不确定状态。如果我们将解构主义应用于其他科学领域, 宇宙的法则将会崩溃。例如, 在物理科学领域, 我们接受光速是绝对且不变的。有了这个参考点, 宇宙对我们来说才有意义。如果我们解构牛顿定律, 我们对宇宙的理解将会瓦解。然而, 当涉及到人文科学时, 我们却不太愿意接受绝对性。我们更倾向于相信人类经验的一切都是相对的。人文科学中的解构主义带来了更多的不稳定性, 使我们失去了可以依靠的绝对标准, 从而陷入一种持续的焦虑和不确定状态。

～

所有这些现象——技术进步，全球化，气候变化，战争与战争传言，新冠疫情，解构主义——无论是直接还是间接，都在集体和个人层面对我们产生影响。它们在智力上，甚至更糟糕的是，在生存层面上，挑战了我们的安全感。作为一个物种，我们感到力量减弱，对生活的不确定性增加，掌控感下降。难怪我们变得更加紧张，焦虑和抑郁。

第3章

心理健康的多维度视角

世界卫生组织将心理健康定义为"一种健康状态，在这种状态下，每个人都能发挥自己的潜力，应对正常的生活压力，高效地工作，并为自己的社区做出贡献"[6]。换言之，心理健康是一种情绪，心理和社会健康的状态。它决定了我们的感受，思维和行为。它影响着我们如何应对压力，如何发挥人生潜能以及如何处理与他人的关系。它还影响着我们的工作效率以及为所在社区做贡献的能力。

但是，当我们的心理健康受到损害时，会发生什么？我们都会面临压力，恐惧，受伤和创伤等问题，那么，什么才是心理健康问题或障碍？

精神疾病是一种生物心理社会疾病

要理解精神健康疾病，我们首先需要改变看待身体疾病的模式。身体和精神问题之间存在巨大差异。身体疾病可以通过扫描，血液测试，肺活量测定等方法进行测量，而精神疾病则主要通过衡量一个人最佳运作的能力来测量。例如，如果一位教授因抑郁或焦虑而无法继续从事学术工作，只能兼职当辅导员，那么他虽然仍在自己的领域工作，但已无法发挥最佳能力。或者，假设一位母亲按时送孩子上学，然后回家躺了一整天，直到下午才起床去学校接孩子。显然，这位母亲尽管有能力照顾孩子，也付出了辛勤劳动，但她的表现并不理想。

现在让我们假设这位母亲已经去看医生做健康检查，接受了血液

6　世界卫生组织。促进心理健康：概念，新证据，实践（总结报告），日内瓦：世界卫生组织；2004年。

检查,扫描和其他检查。她的铁含量正常,甲状腺健康,没有明显的疾病。在这种情况下,这位母亲很有可能正在与心理健康问题作斗争。如果是身体疾病,那么通过扫描,血液检查或其他身体检查通常可以显示人体内发生的疾病过程。但是,要了解心理健康问题,我们需要一个不同的框架。大多数心理健康问题是通过患者日常功能的下降而不是明显的疾病过程来识别的。虽然扫描或血液测试可能表明相关性,但我们无法在这个阶段确定因果关系。这就是为什么医学界使用"障碍"一词来描述心理健康问题,而不是"疾病"或"病"。

虽然某些身体疾病通常源于简单的根本原因,但心理健康问题几乎总是由许多不同因素共同导致的。"但是——"您可能会问,"抑郁症不是由大脑中缺乏血清素引起的吗?"严格来说,科学上是这样,这种说法并不完全正确——尽管大多数医生在给患者开抗抑郁药时都会用这种简单的方式解释抑郁症。我们知道抗抑郁药可以增加神经细胞中血清素的净含量,因此,通过逆向推理,我们假设抑郁症是由于脑细胞中缺乏血清素引的。这就是抑郁症的"胺假说"。但抑郁症与血清素之间的关系比简单的缺乏模型要复杂得多。换句话说,心理健康问题并非简单的因果关系。它们并非由单一病原体(如病毒,细菌或真菌)或单一疾病过程(如动脉阻塞或动脉粥样硬化)引起。相反,心理健康问题是生物,心理和社会因素的累积。

生物因素

在心理健康方面,患者家庭的遗传史对心理健康问题的形成和诊断以及治疗选择都有一定影响。如果家族成员患有焦虑症和抑郁症,那么家庭成员罹患相同疾病的可能性就会增加,尽管这种情况并非不可避免。精神科医生将这种倾向性增加称为*遗传负荷*。例如,一般人群患精神分裂症的风险为1%。但如果患者父母患有精神分裂症,那么患病风险将上升至10%。此外,甲状腺疾病或自身免疫性疾病等身体疾病也会增加个体罹患精神疾病的险。

心理因素

心理因素,例如早期的成长经历,父母教养方式以及与重要他人(例如父母和其他长辈)的关系,会影响我们日后的心理健康。如果儿童在与重要照顾者的关系中缺乏安全感，成年后更容易出现焦虑和抑郁等心理健康问题。同样，虐待，忽视，遗弃，暴力和剥削会在儿童心理上留下不可磨灭的印记，并导致受害者成年后更容易出现心理健康问题。研究还表明，早期创伤会影响儿童大脑的发育，引发过度警觉等反应，这些反应往往在创伤停止后很长时间内持续存在或再次触发。

创伤长期存在的一个例子是，任何年龄的人在紧张的情况下都会做出战斗或逃跑的反应。人们可以直接（作为受害者）或间接（作为目击者）经历创伤。有时，即使与创伤事件相隔甚远，也会遭受创伤。以"9·11"悲剧为例，2001年9月11日，恐怖分子劫持两架飞机，撞向纽约市世界贸易中心的双子塔。由于观看了坠机视频片段，以及电视上无休止的重播，许多观众患上了创伤后应激障碍。我甚至治疗过一些因"9·11"事件而患上飞行恐惧症的儿童和成人。

心理因素影响着我们所有人。有些人有机会以健康的方式处理这些因素，但其他人可能无法获得安全的环境或稳定的状态来处理这些因素。因此，后者将在负面经历发生很久后仍遭受其持续的心理影响，许多人需要专业帮助来处理创伤并增强心理弹性。

社会因素

人是社会性的动物。我们无法独自生存。我们需要他人来表达真实的自我，帮助我们获得生活的意义，我们需要与重要他人建立健康的关系，以实现并保持良好的心理健康。研究表明，由患有抑郁症的母亲抚养的婴儿（这些母亲面部表情减少，缺乏自发性，且在一定程度上回避婴儿）更容易患上抑郁症。事实上，婴儿在婴儿期可能就开始模仿母亲。在这种情况下，婴儿长大后往往心理健康状况不佳，更容易焦虑和抑郁。我们早期的生活经历，特别是与照顾者的相处，是我们日后社会生活的缩影。有意义的社会关系能带给我们归属感，支持和意义，增强我们的情绪韧性，即使在困难时期也是如此。另一方面，缺乏社会关系会让我们更容易出现心理健康问题，因为我们发现自己被社区带来的安全感，支持和意义所隔离。难怪焦虑症患者通常会对重要的照顾者产生焦虑的依恋。

鉴于上述情况，精神科诊断只是了解患者的第一步。我们还需要更进一步，找出导致精神健康问题的生物，心理和社会因素。这种整体理解也有助于我们为每位患者定制管理划。这一点非常重要,因为即使两个患者的心理,生理和社会因素相同,但他们的生物,心理和社会因素却不会相同。为了说明这一点,我想与大家分享我的一些病例。

案例研究

罗伯特·史密斯[7]

罗伯特是一位55岁的基督徒,由他的全科医生转诊给我。他饱受精神困扰,尤其是性方面的侵入性想法和图像。他从未有过犯罪行为,但这些想法已经严重影响了罗伯特,尽管他是一位诚实且成功的高中教师,已有30年的教龄,但他现在对自己的职业失去了兴趣。相反,他决定在当地的郊区开一家印刷厂。罗伯特觉得自己已经厌倦了教师职业,一直想当自己的老板,经营一家企业。虽然他觉得经营一家简单的印刷厂没什么问题,但他没有足够的启动资金。于是罗伯特向他的兄弟借了钱,并承诺一旦生意成功,就还钱并分给他一部分股份。

不幸的是,罗伯特的生意并不顺利。为了扭转局面,他又向他的兄弟借了更多的钱。然而,额外的资金注入并没有起到作用,生意继续恶化。导致生意每况愈下的主要原因是罗伯特因精神压力而无法集中注意力。尽管他希望辞去教师工作后这些困扰会消失,但他仍然不断出现性幻想。此外,他感到生意没有盈利的压力,并对无法为哥哥的投资带来积极回报而感到内疚。

在出现心理健康问题之前,罗伯特从未看过心理医生或咨询师。他的身体健康状况良好,婚姻幸福美满。他的家人中没有人患有心理健康问题,罗伯特本人也没有因身体疾病或受伤而长期服药。

我诊断罗伯特患有焦虑症,即强迫症。我确信,由于他身体健康,而且他的家人也没有这种病史,因此生物学因素不会导致他的疾病。他与妻子关系融洽,朋友众多,因此社会因素也不会导致他的疾病。但罗伯特从事的职业并非他真正喜欢的。对他来说,上班就是一件乏味的事情,这导致他后来出现倦怠和焦虑。

我最初采用药物治疗结合心理治疗的方法来治疗罗伯特。我给他开了大剂量的抗抑郁药物,这种药物通常用于治疗强迫症。由于他的焦虑

7　不是真名

症非常严重，我还给他开了抗精神病药物。

我很快发现，罗伯特非常害怕自己在现实生活中做出脑海中出现的那些侵入性想法和画面。这对他来说是最令人厌恶和羞耻的。因此，我为他提供了进一步的认知行为疗法(CBT)——一种焦虑症和抑郁症的已知有效治疗方法。认知行为疗法(CBT)的基础是理解消极或非理性的思维模式会导致消极或非理性的情绪和行为。因此，要改变一个人的消极情绪和行为，必须首先改变消极或非理性的思维模式。在罗伯特的案例中，我的目标是让他明白，想法不是现实，他完全可以控制自己的行为。我与罗伯特进行了多次辅导，帮助他识别消极或非理性的思维模式，挑战这些思维模式，并最终用更有建设性的思维模式取而代之。

由于罗伯特是一名基督徒，我还鼓励他更多地参与教会的活动，比如花更多时间与那些他找到了深刻共鸣的人相处，并从他们那里获得情感支持。通过这种方式，我设法利用生物学(医学)，心理学(心理治疗)和社会学(教会团体)手段来帮助罗伯特。

六个月后，罗伯特有了明显的改善，但他的挣扎尚未完全得到控制。我们遇到了瓶颈，我感觉到他在心理健康方面还有更多的问题。我决定更深入地研究他的问题，并将在第5章中分享更多内容。

特雷莎·邱[8]

特雷莎是一位36岁的教师，有广泛性焦虑症病史。她是一位虔诚的基督徒，经常去教堂，并与丈夫一起每周组织一次小型聚会。他们现在有一个八岁的女儿。但在女儿七岁后不久，特雷莎对刀产生了强迫性的恐惧。每当看到刀子，她就会产生刺伤他人的强迫性冲动。这种强迫性冲动伴随着刺伤场景的侵入性想象。为了保护自己免受对刀子的恐惧和刺伤他人的冲动，特雷莎决定把家里的刀子都锁起来。她还把做饭的任务交给了丈夫。每当她需要做饭时，她只会使用预先切好的肉，例如肉末或肉丁，这样她就不需要用刀了。特雷莎之所以来找我，是因为她觉得找基督徒心理医生更放心。她还担心非基督徒医生会认为她疯了。我诊断出她患有强迫症，并开始使用抗抑郁药物进行治疗，这种药物还具有抗强迫和抗强迫症的特性。我还开始对特雷莎进行认知行为治疗，因为这是治疗强迫症的首选黄金标准疗法。

---

8 不是真名

特雷莎对药物和认知行为疗法的联合治疗反应良好。不久，她能够忍受看到刀子的感觉，并且能够以大大降低的焦虑来挑战她脑海中出现的刺伤画面。她能够忍受恐惧，并认为这是不合理的，而不会屈服于把刀子锁起来的欲望。她还能在准备食物和烹饪时使用刀子。然而，一段时间后，她的病情趋于稳定。随着时间的推移，她对刀子的焦虑会再次出现，每当我想减少她的药物剂量时，她的强迫症就会复发。

我决定回到起点，了解更多特雷莎的经历——尤其是她的童年——并寻找强迫症的潜在根源。我了解到，由于父母婚姻关系动荡，长期不和谐，她在一个充满情绪的家庭中长大。家庭暴力屡见不鲜。她的父亲酗酒，经常喝醉回家，对特雷莎的母亲恶语相向。但特雷莎和她小两岁的妹妹也未能幸免。特雷莎从小就学会了躲在自己的房间里，不与父亲正面冲突。她也会确保妹妹远离父亲。

特雷莎多次希望父亲死去。她甚至希望自己有个不同的父亲。一天晚上，父亲喝得酩酊大醉回到家。父母之间发生了争吵，特雷莎照例带着妹妹躲进卧室。从紧闭的门，两个小女孩听到喊叫声，尖叫声和撞击声。她们听到了熟悉的物品被扔出的撞击声，然后突然一片寂静。突然，特雷莎听到母亲喊道："你敢！你敢！"特雷莎打开卧室的门，从门缝里窥视。她看到父亲站在母亲身边，手里拿着菜刀。他喘着粗气。

特雷莎带着妹妹冲出了卧室。他们的母亲转过身来，在父亲发出威胁性话语时抓住了两个孩子。事情发生得太快，特雷莎已经记不清父亲威胁的具体内容了。但她记得母亲抓住两个孩子就往外跑。在他们身后，特雷莎的父亲继续大声威胁。那天晚上，特雷莎，妹妹和母亲最终来到了外祖父母家。他们在那里住了几个月，特雷莎记得她就是在祖父母的家中庆祝了八岁生日。他们再也没有回到自己的家。

特雷莎记得自己并不想念自己的家，反而很感激祖父母家宁静的氛围。她不记得母亲告诉她父亲去世时自己几岁了，但她没有参加葬礼。直到她18岁时，母亲才告诉她真相——父亲在特雷莎只有8岁时自杀身亡。

了解了她的童年历史，原生家庭的动态，她与父亲之间困难的关系以及他死亡的背景，我对特雷莎的强迫症有了不同的理解——即她对用刀刺伤别人的恐惧。我认为她将愤怒和对父亲的死亡愿望内化并压抑了。她最后一次记忆是父亲挥舞着菜刀威胁母亲，这给她造成了极大的创伤，并深深地烙印在她的潜意识中。父亲随后自杀，实现了她对父亲的死亡愿望。因此，菜刀成为她压抑的痛苦与父亲死亡之间的纽带。特雷莎的创伤和相关的情绪大多埋藏在潜意识的深处，直到她自己的女儿八岁——与特雷莎童年悲剧的结局创伤。我现在知道，她对刀子的强迫症以及对刺伤他人的恐惧是她内心冲突的象征。

我引导特雷莎接受心理治疗，在一个安全的环境中探索她与父亲的关系。我还为她提供了空间，让她直面内心的痛苦，愤怒，失望，甚至内疚，因为她对父亲的死亡愿望在某种程度上导致了父亲的死亡。我们围绕她父亲的问题进行了宽恕治疗，特雷莎原谅了他带给家庭的暴力，原谅了他夺走了她安全快乐的童年。最后，她也原谅了自己对他怀有的仇恨。

在解决了对已故父亲的负面情绪后，特雷莎的强迫症有了更大的改善。对一个人的未了情可能超越一生，特雷莎就是这种情况。有趣的是，尽管有了这些重大的发现，而且之后也做了治疗，但特雷莎仍然没有完全摆脱强迫症。我觉得她的创伤还有更多我们没有探索的地方，在得到她的允许后，特雷莎和我又一起踏上了探索她内心深处的旅程，这将在第5章中分享。

生物心理社会方法的局限性

罗伯特和特雷莎的故事清楚地说明了生物心理社会方法在精神病学中的运作方式。两位患者都诊断为焦虑症，即强迫症。他们分别接受了药物治疗和认知行为心理治疗。虽然他们患病的心理原因不同，但治疗方法是相同的，而且至少在某种程度上是成功的。

了解这种疾病背后的心理原因是一回事，帮助患者彻底解决由此产生的心理冲突则是另一回事。我按照标准（也是成功的）做法，实践为罗伯特和特雷莎同时采用了生物，心理和社会疗法。但还有另一个维度，在患者的生活中同样重要，那就是灵性层面。在生物-心理-社会方法中，这个额外的元素经常被忽视，但它却是心理健康与精神之间的重要交叉点。这是心灵与心理的交汇点。这意味着承认构成一个人的所有个体方面。这意味着将心灵引入创伤和治愈的故事中。也许这也意味着对精神病学采取一种新的，创造性的，更具包容性的方法。

第4章

精神病学与基督教灵性

人类是极其复杂的。约翰·杰弗里·萨克斯(John Geoffrey Saxe)的《盲人与象》最能体现理解人类这一物种的难度。六个盲人此前从未见过大象,他们试图仅凭触觉来辨别大象。一个人摸到了象鼻,说大象是一条粗大的蛇。另一个人摸到了身体,说它像墙,而第三个人摸到了尾巴,说它像绳子。第四个人摸到了耳朵,说大象一定像扇子,而第五和第六个人分别在摸到了象牙和腿决定它是矛和树干。每个人对大象的整体认知都是片面和不完整的。

就像《盲人摸象》一样,心理学和精神病学——研究心理异常的学科——对人类心理和行为的理解也是有限的。幸运的是,我们并不是像六个盲人一样完全盲目地在黑暗中摸索!虽然我们的实践基于不完整的知识体系,但神经科学和人类行为的研究仍在不断进行并不断进步。可以理解的是,心理学和精神病学之间存在一些混淆。外行往往认为,如果你需要咨询,就去咨询心理学家;如果你需要药物,就去看精神科医生。有些人认为,看心理医生说明问题不太严重,但看精神科医生则意味着"我一定是疯了"。事实远非如此,这两门学科之间有着明显的区别。

心理学最好被理解为属于社会科学的一门学科。它是对行为和心理过程的科学研究,旨在了解个人在不同情境下的思维,感受和行为方式。而精神病学是一门医学专业,主要研究精神疾病和失调的诊断,治疗和预防。作为医学专家,精神科医生采用生物心理社会方法来处理心理健

---

9 约翰·戈弗雷·萨克斯(John Godfrey Saxe):《瞎子和象》(The Blind Men and the Elephant),收录于《约翰·戈弗雷·萨克斯诗集》(Poems of John Godfrey Saxe),1873年。

康问题,包括必要时使用药物,一系列心理治疗或心理疗法以及社会干预。

了解心理

据估计,全球有超过400种心理治疗和心理疗法。每一种心理疗法流派都提出了自己的心理理论,旨在深入了解人的思维和行为。每一种疗法还就心理问题是如何在人的生活中产生的做出了一定的解释。因此,经过培训的这些学校将为患者提供治疗,消除他们所了解的根本原因,使患者摆脱困扰。例如,行为疗法认为心理问题是由消极行为引起的。通过挑战和纠正这些消极行为,问题就可以得到解决。然而,纯粹的行为疗法因其"黑箱"方法而经常受到批评;它把人视为行为的总和,忽视或否认潜意识的存在。

当一个人寻求咨询和心理治疗时,治疗师会根据他们自己的心智理论框架来理解问题的本质。治疗师会找出问题出现在当事人生活中的原因,并根据他们自己的理解框架提供解决方案。例如,行为治疗师认为一个人的问题很大程度上是由于他/她生活中不恰当的行为造成的。因此,他们会帮助当事人培养更积极的行为。另一方面,认知行为治疗师更倾向于认为无益的思维方式是导致一个人产生问题的根本原因。这种治疗师会帮助患者识别无益的思维方式,对其进行挑战,然后以更有益的思维方式取而代之。

一些常见的心理治疗包括

心理动力学心理治疗（Psychodynamic Psychotherapy）认为,焦虑是患者内心冲突未得到解决的结果。这种冲突的根源通常在于患者的过往经历,例如一个人的成长阶段,比如童年早期。成功解决这些内心冲突将消除焦虑。

认知行为疗法（CBT）认为我们的想法先于并驱动我们的感受。一个人因为焦虑的想法而感到焦虑。通过发现焦虑的想法,挑战它们,并用非焦虑的想法代替它们,一个人就可以摆脱焦虑。心理治疗师通过做特定的"作业",如写日记,帮助患者发现,挑战非理性的想法,并用更理性的想法代替它们。

辩证行为疗法（DBT）教导患者如何通过接纳和容忍恐惧和焦虑等强烈情绪来应对这些情绪。此外,患者还将学习如何更好地调节情绪,改善人际沟通,增强自信和提升自我价值。辩证行为疗法常用于治疗各种心理健康问题。

接纳与承诺疗法（ACT）鼓励患者接纳焦虑的情绪和想法，而不是视其为有害，可怕和威胁。同时，患者还应学会做出基于价值观的人生决策，并致力于做出改变，从而摆脱心理健康问题。

～

无论何时，当您向治疗师寻求帮助时，请务必检查该治疗师的背景和培训情况，以便您对治疗师处理您的问题的方式有一个大致的了解。此外，在初次预约治疗师时，请务必确保您有信心将您的心理健康托付给该治疗师。重要的是，您必须对自己的心理健康负责。现实情况是，虽然治疗师不应该将自己的价值观强加给患者，但他们的世界观不可避免地会对患者产生一定影响。提出*"你认为我有什么问题？我的治疗方案是什么？"*等问题，有助于您判断治疗师是否适合您。

我认为自己是一位不拘一格的心理治疗师。心理动力学理论强调早期生活和童年经历，它帮助我理解患者为何会面临他们所面临的问题。它还揭示了患者尚未解决和意识不到的冲突。然而，我也从认知行为疗法，辩证行为疗法和接受承诺疗法中汲取经验，帮助我的患者。

在我的实践中，只有在了解并理解了患者的问题之后，我才会给出反馈并解释我认为有用的管理方案。如果我认为有必要进行心理治疗或心理疗法，我通常会让患者尝试三到五次治疗。在此期间，双方有机会增进相互理解。患者可以判断我的专业水平，性格风格以及对待他们困境的态度是否积极且有助于康复。治疗师与患者之间的性格契合程度，与治疗师的专业业能力同等重要。在试用期结束时，如果患者愿意，可以自由退出，我不会试图说服他们继续治疗。

为什么基督徒很难寻求心理帮助

多年来，作为一名临床医生，我观察到，比起非基督徒，基督徒在寻求心理帮助时面临更多困难。基督徒也更可能因心理健康问题而感到耻辱。我们相信耶稣来是为了赐予我们丰盛的生命（约翰福音10:10），但患有心理健康问题的人无法过上圣经中描述的丰盛生活。因此，当基督徒患有心理健康问题时，他们自然会陷入自我谴责的状态，责备自己不够虔诚，祈祷不够多或花在阅读《圣经》上的时间不够多。然而，一些基督徒将心理健康问题视为"来偷窃，杀害和毁灭的贼"(约翰福音10:10)。他们以积极的态度和心态克服问题。

然而，许多基督徒不愿寻求帮助，因为他们害怕被治疗师误解。他们担心治疗师不会同情他们的基督教信仰，并担心自己会受到挑战，被迫放弃基督教信仰。我理解这种担忧。绝大多数(如果不是全部)心理治疗流派都不涉及上帝的问题。事实上，对上帝的信仰似乎与许多心理学思想格格不入。一些治疗师可能会容忍这种信仰。另一些人则认为这是依赖性问题，会阻碍一个人实现完全的自主和自我实现。对于许多认为基督教信仰是生命核心的基督徒来说，这种做法可能会导致存在危机。

一些基督徒认为心理健康问题只是属灵问题的表现。在过去的二十多年里，内在治愈的概念在基督徒中广为流传。为病人祈祷是基督徒的常见做法(雅各书5:14-15)，而患病信徒他们经常找牧师和教区领袖为他们祈祷。一些教堂和基督教组织还专门安排祈祷会为病人祈祷。在我看来，通过祈祷进行内心治疗是一种疗法。

治疗是指积极治愈内心，灵性和心理，以及处理并最终消除相关的负面想法，情绪，痛苦和创伤记忆。内心治愈祈祷的目的是让人摆脱怨恨，内疚，抑郁，不安全和无用感等负面情绪的困扰。这通常是通过宽恕自己和他人，纠正错误信念以及有时驱除恶灵来实现的。

内在治愈的实践者对内在治愈的各个方面有不同的侧重。多年来，我一直在帮助远东地区的教会处理教友的心理健康问题。我亲眼目睹了内在治愈的实践。摆脱恶灵是他们工作的一部分。然而，在西方教会中情况并非如此，尽管相信恶灵仍然很普遍，但人们不太接受摆脱恶灵。石像鬼仍然装饰着大教堂和教堂，特别是在欧洲。东正教传统的教堂甚至有专门的仪式来对付邪灵。

《马太福音》16:23中记载了一个事件，彼得的思想显然受到了邪恶的影响。故事开始时，耶稣告诉他的门徒他即将遭受苦难，被钉死在十字架上并复活。彼得听到这些后很不高兴，就把耶稣拉到一边责备他。耶稣回应道："撒但，退我后边去吧！你是绊我脚的，因为你不体贴神的意思，只体贴人的意思。"如果邪灵真的存在，那么我们可能也会受到它们的影响。

领悟灵性

作为一名基督教祈祷牧师和心理治疗师，我也一直在研究心理健康和灵性健康的问题。虽然许多人认为这两个主题相互对立，但事实上它们有许多共同点。心理健康会影响我们的行为方式，自然也会影响我们的人际关系和社区生产力。同样，灵性层面——即与某种事物，某人或某种比我们自身更重要的目标建立联系——也会影响我们的行为方式。灵性层面包括寻找人生的意义或目标，从而产生积极的情绪，思想和行为，以及人际关系。将这两个定义放在一起，仔细研究，不带偏见地思考，就会发现心理和灵性层面之间有很多相似之处。

许多信奉灵性的人认为，人类由物质和非物质两部分组成。基督徒也有同样的信念，但他们的灵性植根于对造物主的信仰，造物主是极具个性的，并且对他们的物质和灵性事务深感兴趣。例如，《圣经》旧约中的《利未记》包含了许多关于日常身体健康以及精神仪式和实践的教义和指导。因此，基督教灵性具有关系性与个人性，远比单纯相信某种无形力量或影响更为深入且个人化。它也与《创世纪》中关于人类起源的描述相一致：

神就照着自己的形像造人，乃是照着他的形像造男造女。

——*创世纪 1:27*

耶和华神用地上的尘土造人，将生气吹在他鼻孔里，他就成了有灵的活人，名叫亚当。

——*创世纪 2:7*

上帝按照自己的形象创造了人类，赋予他们理性，情感，意志和灵性。从尘土中，人类获得了肉体。从上帝的呼吸中，人类获得了灵性。这与希伯来人的观念一致，即人类既是尘世的，也是灵性的。这种关于人类由肉体和灵性组成的信念是被称为二元人。因此，我们的整体包括我们的身体和灵性。这就是为什么摩西在敦促我们用全部的爱去爱上帝时说："你要尽心，尽性，尽力爱耶和华你的神。"（申命记6:5）

希伯来人的概念是，人类由身体（即躯体）和非身体（即一个人的真正本质）组成，非身体又可称为心，魂或灵。然而，希腊人的思维认为非身体由魂和灵组成。同样，使徒保罗接受过希腊式教育，他认为人的非身体部分由魂和灵组成。他在《帖撒罗尼迦前书》5:23写道：

> *愿赐平安的神亲自使你们全然成圣！又愿你们的灵，魂与身体*
> *得蒙保守，在我主耶稣基督降临的时候，完全无可指摘。*

因此，接受保罗教义的基督徒将人类视为由三个部分组成的生命体。

希腊语中"灵性"一词是pneuma，但"魂"一词源于希腊语词根psyche，我们从中衍生出"心理学"和"精神病学"这两个词。这两个学科都与心理的研究和治疗有关，

而心理被定义为一个人的心理结构。它是我们的情感，思想和动机的中心。心理和灵性紧密相连，甚至交织在一起。希伯来书的作者写道：

> *神的道是活泼的，是有功效的，比一切两刃的剑更快，甚至魂与*
> *灵，骨节与骨髓，都能刺入，剖开，连心中的思念和主意都能辨明。*
>
> *——希伯来书4:12*

灵性和心理似乎紧密相连，相互影响。这就是为什么使徒保罗说：

> *除了在人里头的灵，谁知道人的事？像这样，除了神的灵，也没*
> *有人知道神的事。*
>
> *——哥林多前书 2:11*

在《罗马书》第12 章1和2节中，他还把灵性和思维联系在一起：

> *所以弟兄们，我以神的慈悲劝你们，将身体献上，当作活祭，是*
> *圣洁的，是神所喜悦的；你们如此事奉乃是理所当然的。不要效*
> *法这个世界，只要心意更新而变化，叫你们察验何为神的善良，*
> *纯全，可喜悦的旨意。*

我曾经有幸与一位基督教牧师同行，他向我寻求帮助，尽管他并没有任何可诊断的精神健康问题。按照我的惯例，我在第一次会面时问他为什么决定找我。他回答说："为了更新思维。"

我为他提供了心理治疗，在这些治疗中，他会提出生活中遇到的困扰。然后，我会帮助他理解自己的动机，欲望，恐惧，情绪和想法。他每周都来接受我的治疗，持续了两年。他经常会在个人祈祷时想起我们治疗中讨论过的问题。治疗结束后，这位牧师说他更了解自己和自己

的动机, 这反过来又改善了他的属灵生活。我们思维更新对我们的属灵生活有着重大影响。

心理健康与基督教灵性

几年前, 在一次基督教会议上, 我认识了一位基督徒兄弟。交谈中, 他得知我是一名儿童, 青少年和家庭精神科医生。他很快指出《圣经》是世界上最棒的咨询书籍, 我只需要研究上帝的话语, 就能成为一名优秀的心理医生。他的信念代表了众多基督徒的典型对基督教灵性, 心理学和精神病学的对立观点。在我心中, 我与他意见相左。

我敬畏上帝的话语。我相信它是绝对可靠和无误的。我也相信心理学和精神病学的学科与研究异常心理及其治疗和康复有关。这些学科让我们更深入地了解人类以及影响我们行为的因素, 心理健康问题背后的原因, 以及如何成功应对甚至彻底治愈这些问题。然而, 这并不意味着我接受在这些领域学到的所有知识。尽管自西格蒙德·弗洛伊德 (Sigmund Freud), 卡尔·荣格(Carl Jung) 和约翰·沃森 (John Watson) 的时代以来, 神经科学取得了长足进步, 尽管如今的精神病学家和心理学家在治疗中力求以证据为基础, 但人类的心灵是无限复杂的。它完全属于上帝的神秘领域。

此外, 我认为《圣经》本身并不声称是心理治疗的教科书。它主要是一本描述和详细阐述上帝与祂的子民(首先是犹太人, 然后是外邦人)关系的书集。《圣经》还详细描述了人与人之间的关系。它有许多章节涉及复杂的人际关系。在《创世纪》中, 我们发现了家族世仇, 兄弟阋墙, 家族阴谋, 嫉妒, 忠诚和爱情。《约伯记》记录了作者本人与心理健康问题作斗争的经历以及最后的胜利。《圣经》中的智慧书有很多保持心理健康的好建议, 而耶稣的"八福"教导既是通往天国的道路, 也是保持心理健康的好建议。我认为, 基督教灵性疗法作为解决焦虑和恐惧等心理健康问题的方法, 尚未得到充分探索。

我的内心疗愈之旅

几年前, 我的妻子开始踏上内心的治愈之旅, 参加了悉尼一家治疗中心举办的"摆脱恐惧"周末研讨会。我非常不赞同她的选择, 并坚持认为陪伴她, 确保她不会接触到任何异端邪说。我记得当时坐在房间的一角，不停地做笔记，核对圣经经文，以防断章取义。这是我开始对心灵疗愈产生兴趣的起点。接下来的三年里，我参加了他们的结构化教学计划。从那时起，我一直在祷告事工的接受和给予两端工作，并有幸在将祷告事工扩展到马来西亚和远东地区的工作中发挥了不可或缺的作用。

尽管目睹了妻子在这个新领域的精彩表现，但我在内心治愈方面的个人旅程却是在我开始将基督教灵性引入我的精神科实践的同时才开始的。因此，有趣的是，那些允许探索其基督教信仰的患者往往比那些将基督教信仰与心理健康问题分开的患者表现更好。大约在同一时期，其他心理健康从业者也开始将灵性元素引入心理学和精神病学的学科中。但并非所有现在包含的灵性元素都与基督教信仰相容。

作为一名祈祷牧师，儿童，青少年和家庭精神科医生，我有幸在患者生命的关键时期陪伴他们。我很高兴能够了解哪些实践有助于他们的心理健康管理，哪些实践则不然。在基督教患者出现心理健康问题时，我能够帮助他们，这让我真正体会到基督教灵性在他们的康复过程中所发挥的作用。我相信这种更开放的方法有助于我成为一名更有效的治疗师。

第5章

基督教灵性的本质

当我开始儿童，青少年和家庭精神病学的研究生学习时，我必须完成50个小时的婴儿观察，记录婴儿在环境中的行为以及与父母和家人的互动。强调婴儿观察是基于这样的信念：我们的成长史，早期经历以及我们与照顾者之间的互动方式都会影响我们未来的情感功能和人际关系。早期关系尤为重要。它们塑造了我们的情感和心理发展，我们与照顾者之间的早期联系经验最终有助于构建我们心中的最终蓝图。然后，这个蓝图将指导并影响我们一生中如何处理和管理人际关系。我们中的大多数人都会有意或无意地遵循这一蓝图，直到遇到情感问题，经历一段困难关系或出现心理健康问题。如果此时我们向精神科医生或心理学家等心理健康专家寻求帮助，他们可以帮助我们理解早期关系如何影响我们的一般关系心理发展。然后，我们可以通过抛弃无益的信念，强化更有益的信念甚至采纳新的信念来改变我们最初的蓝图。改变不健康的内部关系模式，让我们能够以不同于以往的方式生活，而以往的生活模式可能被我们视为正常，但实际上毫无益处，也不真实。

对我来说，基督教灵性也关乎关系。它不是指与未知的更高力量建立联系，也不是指实现更高的原则。它指的是我们与宇宙的创造者，生命和万物的起源者之间独特而个人的关系。这种关系既是物质的，也是属灵的。它不仅仅是一种超然的幸福状态，更是对日常尘世生活中神圣关系的认知。

基督教灵性是关于关系的

我们并非生活在没有关系的真空里。我记得五年级时读过丹尼尔·笛福 (Daniel Defoe)的《鲁滨逊漂流记》。鲁滨逊独自被困在一个荒岛上，他必须学会自食其力和在陌生的环境中生存。有一天，他遇到了一位土著人，他称他为星期五，他的生活也因此发生了改变。他终于找到了同伴。通过星期五，鲁滨逊了解了岛上土著居民的习俗和文化。尽管他们背景迥异，但鲁滨逊和星期五之间却有着真实而紧密的联系。作为一个小男孩，我认为与星期五的关系是鲁滨逊人生的转折点。他不再仅仅是为了生存而活着，而是开始享受生活。

同样，基督教灵性是关于与可认知，可爱的上帝直接沟通。我们可能对各种原则了如指掌，比如如何不恐惧，不焦虑地生活，但我们无法爱上一套生活原则，无论它们多么真实。基督教灵性只有在我们对爱和被爱有深刻感受时才会出现，而这种感受来自与造物主的深厚而稳固的关系。在这个世界上，在我们的参照系和经验范围内，这种自我牺牲和"圣爱的爱"（"agape"）就像母亲对孩子的爱一样。母亲对孩子的深爱让爱在孩子的生活中得以真实体现，孩子只能以爱作为回报。

这就是做人的意义，因为我们生来就是爱和被爱的，由我们的天父赐予。这就是为什么基督教灵性的核心是关系。它关乎建立作为上帝之子的关系（约翰福音1:12）。冥想，反思，祷告事工和阅读上帝之言只是实现这一目的的手段。不幸的是，对于许多基督徒来说，冥想和反思已经失传，因为我们如今的生活往往过于忙碌。这些做法被弃之不顾的另一个原因是人们错误地认为冥想，反思或形而上学活动是"新时代"或非基督教徒的，因此应该予以拒绝。

基督教灵性是发展性的

基督教信仰不仅宣扬上帝召唤我们成为祂的子女这一非凡理念，还指出上帝为我们每个人制定了计划（罗马书8:28和29，以弗所书2:8至10）。上帝为祂的子民制定个人计划是《圣经》的核心主题，当我们考虑为人父母的问题时，这个想法并不陌生。那些长期恋爱并育有子女的人也许对此深有同感。我们知道，甚至在还没有孩子之前，我们就与伴侣讨论过要孩子的事。我们想象孩子的性别和性格，想象与这个孩子分享生活的样子。然后，我们开始为孩子做计划。从得知新生命孕育的那一刻起, 我们就会开始关注子宫里的孩子。母亲在怀孕期间会感觉到孩子的活动, 父母双方也会通过触摸, 交谈或唱歌与孩子交流。然后, 在孩子出生后, 我们会抚养, 监督并引导他们发挥潜力, 过上自己独特的生活。

同样, 上帝对我们每个人都有计划, 祂为祂的孩子们制定计划是他的荣幸。从这个角度来看, 基督教灵性显然是发展性的。成为基督徒不仅仅是在今生之后上天堂的问题, 而是如何度过我们尘世生活的问题, 以便我们能够利用上帝赋予我们的所有天赋和才能发挥我们的真正潜力, 同时发展和培养我们与天父的关系。

让我们来研究一下亚伯拉罕的生平, 进一步说明这一点。亚伯拉罕是犹太教, 基督教和伊斯兰教三大宗教的信仰之父。他的生平记录在《创世纪》第11章至第25章中。这些章节记录了亚伯拉罕听从上帝的指引, 从祖国迁徙到异乡(《创世纪》第11章 第26至32节), 还记录了他的去世(《创世纪》第25章)。亚伯拉罕离开出生地时已年届七十五岁(《创世纪》第12 章 第4节), 去世时已年届一百七十五岁(《创世纪》第25 章 第7至8节)。在这百年间, 上帝与亚伯拉罕"共度人生", 以一种非常世俗的方式塑造并发展他, 让他接受上帝为他所计划的安排。

上帝并没有为亚伯拉罕提供一套指导或具体原则, 告诉他如何培养自己的信仰并按照上帝的计划生活。相反, 他通过亲身经历和"看到"上帝之手在生活中的作用来学习。例如, 他两次假装他的妻子撒拉是他的妹妹, 因为他担心自己会被法老(创世纪12)和亚比米勒(创世纪20)杀死。两次, 上帝都出手相救, 挽救了他的性命, 并维护了他与妻子的关系。在亚伯拉罕的家庭纠纷中, 上帝也及时出手相助。起初在撒拉的鼓励下, 亚伯拉罕娶了夏甲为第二任妻子, 但两人相处并不融洽(创世纪21)。后来, 亚伯拉罕与上帝进行了深刻而富有意义的讨论他对所多玛和蛾摩拉的计划(创世纪19)。在这些生活经历中, 亚伯拉罕与上帝之间建立了真实而亲密的联系, 亚伯拉罕也成长为能够实现上帝对他的人生计划的人。他甚至被称为上帝的朋友(雅各书2:23)。

基督教灵性是充满抱负的

我认为, 内心治愈的关键不仅仅是祷告事工, 认清错误, 宽恕他人, 或者在某些情况下摆脱邪灵的困扰。对我来说, 这些只是消除阻碍我们实现最终目标的道路上的障碍。它们只是达到目的的手段，而不是目的本身。我认为，这种三元法模式的弱点在于，它教导人们，这些治愈步骤是为了消除魂对我们生活的控制，让灵性得以升华。根据我的经验，二元法模型更简单，更易理解。打个园艺的比方，就像拔掉杂草，让植物茁壮成长。但我们不会止步于除草，还要浇水施肥，继续除草，直到植物开花结果。从属灵层面来说，我们的目标是与上帝建立蓬勃发展的关系，邀请祂参与我们的喜怒哀乐，梦想与激情，泪水与欢欣。在我们所有的尘世经历中，无论我们是否遭受心理健康问题，我们始终意识到祂与我们同在——我们的天父，与我们同在，与我们紧密相连，永远可靠。

如果我可以用世俗的例子来阐明我的观点，那么请允许我分享我作为父母的孩子以及作为自己孩子的父母的经验。小时候，我知道无论在任何情况下，家里都会为我准备一顿饭，一张舒适的床，让我安心地睡个好觉。我不担心父母会向我收取房租，出租我的房间或将我的物品扔到前院的草坪上——我知道他们永远会提供稳定和支持。作为父母，我也试图在任何情况下陪伴我的孩子。我努力做到可靠，值得信赖和始终如一，就像上帝，我们的天父永远陪伴我们一样。

著名儿科医生和心理分析学家唐纳德·温尼科特（Donald Winnicott）曾说："没有所谓的婴儿。"[10] 他的意思是，我们不能将婴儿与其照顾者（通常是母亲）分开。婴儿与母亲密不可分，如果失去母亲，婴儿将不复存在。本着同样的信念，我想说："没有所谓的基督徒。"我们不能脱离上帝来考虑基督徒。我们与上帝的关系是我们灵性和心理健康的基础！以基督教灵性为核心的内在治愈是发现耶稣为我们所讲的丰盛生命并成为我们被创造的目的的一部分。尽管我们挣扎，上帝看到了我们的潜力和能力，祂在我们内心工作，以完成祂为我们所定的计划（腓立比书2:13）。祂的愿望就是让我们最终在荣耀中实现转变（罗马书8:28-30）。

我坚信，没有灵性，我们就无法表达人性，因为真正的自我本质就在我们的灵性之中。这就是为什么我认为，作为人类，我们就是灵性。我认为，心理健康治疗中没有灵性层面的生物心理社会疗法是不完整的。关于心理健康的理论和各种心理疗法流派帮助我理解人际和个体内部的

---

10 温尼科特（D. W. Winnicott），《成熟过程与有利环境：情感发展理论研究》。国际大学出版社，1965年

动态以及心理健康问题本身的原因。但对于许多患者,包括基督徒,他们缺乏灵性层面。

大多数心理健康问题都源于过去和现在的失败关系,导致人们产生恐惧,焦虑,不安全感,被拒绝和被抛弃的深刻感受。基督教灵性为理解和帮助那些遭受心理健康问题困扰的人提供了另一个维度。这些问题剥夺了许多基督徒实现人生真正潜力的机会,只有与作为人际关系创造者的天父合作,才能解决这些问题(以弗所书3:14和15)。

案例研究

请允许我回到第三章中与您分享的两个案例。我们在那里研究了导致他们心理健康问题的生物,心理和社会因素。现在让我们关注灵性因素。

罗伯特·史密斯

罗伯特·史密斯是一位55岁的基督教徒,他的全科医生向我转诊,希望我治疗他的强迫症,这种强迫症的特征是出现侵入性的性想法和性图像。我采用生物心理社会疗法治疗罗伯特,包括使用药物, 心理治疗和社会支持。他的强迫症得到了很好的缓解,但并未完全治愈,我决定更深入地研究他的状况。征得他的同意后,我邀请他的妻子参加我与罗伯特的其中一次会谈,以便从她那里获得确凿的历史信息,这也是我的惯常做法。每当患者没有取得预期的直接进展时,我会征得同意,采访重要的家庭成员,以便更全面地了解患者的挣扎。通过这种方式发现新信息并不罕见,这些信息以前被患者有意或无意地忽略了。

通过他妻子的第三人称视角,我了解到,在从事了三十年的教学工作后,罗伯特感到精疲力竭,发现自己在教学工作中动力不足。他感到压力重重,无聊至极,于是转向互联网色情内容寻求情感慰藉。不久,他开始出现侵入性的性幻想和画面,这让他感到羞耻和恐惧。

罗伯特试图停止访问色情网站,但没能成功。他像许多对各种物质上瘾的人一样,经历了禁欲和复吸的循环。侵入性的图像和想法变得越来越强烈,他非常担心自己会付诸行动,于是他辞去了教师工作。但罗伯特的羞耻感和内疚感并没有减轻,他换工作也没有减轻强迫症症状的严重程度。

当他在印刷行业的尝试失败后，罗伯特对自己浪费哥哥的钱感到更加内疚。他觉得自己罪孽深重，理应受到惩罚，于是他开始晚上躺在冰冷的混凝土地板上，以惩罚自己的错误行为。我提供的药物治疗结合心理治疗和社会支持，确实帮助罗伯特认识到，他对强迫性想法和图像的恐惧是不合理的。但遗憾的是，这对他与生俱来的内疚和羞耻感帮助不大。

在对他的挣扎有了更深入的了解后，我在与罗伯特的治疗中加入了恩典，希望和上帝之爱的灵性层面。我帮助他理解，他的强迫症是情感慰藉需求得不到满足的结果，他试图通过互联网色情内容来满足这一需求。不幸的是，他试图通过互联网色情内容来满足自己的需求，但最终却适得其反。当罗伯特后来辞职并开始创业，却以失败告终时，这进一步加重了他的罪恶感和羞耻感。但现在，有了恩典，我帮助罗伯特认识到，他强迫性的自我惩罚行为（例如躺在冰冷的水泥地上）并不能解决任何问题，只会让羞耻和罪恶感循环往复，毫无止境。

我没有去研究罗伯特自虐背后的理性，而是引入了基督教灵性层面的宽恕。这引起了他的共鸣，我们探讨了圣经中关于律法和宽恕的教导（罗马书 第6 至 8章）。以前，罗伯特对律法与宽恕的问题只是从理智上理解。现在，他必须以一种改变人生的个人方式来接受它。这是理智洞察力与灵性洞察力的较量。理智洞察力*丰富着*我们的头脑，而灵性洞察力*改变着*我们的思维。精神病学传授的是理智洞察力，而灵性学传授的是灵性洞察力。这就是为什么我坚信灵性学是心理健康治疗和康复的重要组成部分。

现在，罗伯特必须做出属灵上的选择——是接受律法主义还是宽恕？为了亲身接受宽恕，他必须承认，自我谴责或自我惩罚并不能解决他的失败。相反，他必须做出彻底的决定，实施真正的改变，才能将生活引向不同的方向。作为他的心理医生，我不能为罗伯特做这件事。我可以引导他进入灵性层面，促进改变，但下一步要由他自己决定。因此，罗伯特在理解上有了重大转变，他认识到，自己坚持接受羞耻和内疚是一种故意抹杀上帝恩典的行为。他决定请求上帝原谅他自以为是的骄傲，同时，他也原谅了自己沉迷网络色情和生意失败。

罗伯特最终获得了思维和灵性的自由。他完全从强迫症中恢复过来，不再感到内疚和羞耻。有趣的是，他甚至找到了足够的动力，重新开始兼职教学，从旧职业中找到了新的乐趣。直到今天，他的心理健康状况仍然很好。

特雷莎·邱

特雷莎是一位36岁的基督徒女士，她因强迫症而向我求助，强迫症的症状是出现一些令人不安的图像，并产生用刀刺伤他人的想法。特雷莎的强迫症与她童年时遭受父亲家庭暴力侵害的经历有关。在她八岁时，父亲用刀威胁母亲，这一重大事件进一步加深了她的心理创伤。那是特雷莎最后一次见到父亲。她的母亲带着两个女儿逃到了祖父母家，但特雷莎多年后才得知，父亲在她们逃离后不久就自杀了。她感到非常内疚。她常常希望父亲死去，她无法摆脱这种想法，即她对父亲的死亡愿望导致了父亲的死亡。药物治疗和心理治疗，包括探索她与已故父亲的关系以及原谅自己希望父亲死亡的想法，并没有使她完全康复。

我再次深入研究，将灵性层面纳入特雷莎的治疗。许多与世俗父亲关系紧张的基督徒与天父之间可能存在疏离的灵性联系。有些人甚至对上帝缺乏信任，我很快就发现特雷莎确实很难与上帝亲近。她经常怀疑上帝是否会信守诺言，她觉得有些祈祷得到回应只是巧合。

特雷莎和我一起探讨了她的基督教信仰和基础。我们引用了《圣经》中关于上帝信实的经文，例如《耶利米哀歌》第3章第22至23节，这些经文帮助她为接下来的灵性练习做好准备。在练习中，我让她回忆起过去曾希望父亲死去的那次创伤性事件。然后，我让她邀请永恒的上帝进入这段经历。我让特雷莎在这个记忆中与上帝互动，她发现自己在这种经历中获得了极大的平静。她感觉到上帝理解她真正的恐惧，因此不会因为她对父亲的死亡愿望而责怪她。

那次治疗让特雷莎走上了康复的新轨道。她开始从生活中的小事和大事中看到上帝的信实。有一天，她对自己完全有信心，认为强迫症不再左右她的生活，于是要求停药。在我写下她的故事时，她再也没有复发过。

我与特雷莎的治疗历程表明了治疗空间的重要性——治疗期间治疗师和患者所处的环境以及双方的关系。治疗空间是一个安全且保密的地方，我们可以在其中讨论自己的感受，想法和问题，而不必担心受到评判。它不是一个物理空间，而是一种关系。当我进一步将灵性层面应用到治疗中时，我更喜欢使用我自己的术语*灵性空间*。对于基督徒来说，治疗空间是一个三人空间，即我的病人，我自己和上帝。除了在期待上帝的工作时让我的灵进入一种宁静的状态外，我什么也不做来创造这个空间。我的行为更像是一个观察者和促进者，主要关注的是将*灵性空间*中发生的一切重新引导回我的病人与上帝之间的关系。我经常引用圣经中的话语或例子，例如在特雷莎的案例中，我提醒她注意上帝对孤儿和恐惧者怀有特殊的心。

　　我相信，无论我们是否意识到，我们的灵性信仰都会对我们的心理和精神生活产生重大影响。我亲眼目睹了在生物心理社会疗法中加入灵性层面是如何帮助我们更好地理解心理健康问题以及治愈过程的。正如罗伯特和特雷莎都发现的那样，它将以一种深刻的方式改变我们。

第6章

焦虑:灵性-生物-心理-社会角度解析

恐惧和焦虑是两种常见的心理健康问题,它们具有某些共同特征。这两种情绪都与肾上腺素分泌增加有关,而肾上腺素会导致身体产生众所周知的战斗或逃跑反应。然而,恐惧通常是对实际威胁或危险的一种强烈而直接的情绪反应。因此,身体会自然地增加肾上腺素的分泌,以对抗或逃离危险或威胁。恐惧的人会心跳加速,出汗,肌肉紧张,呼吸加快,并处于高度警觉状态。恐惧的情绪和生理反应是短暂且有限的,一旦威胁或危险解除,人就会恢复平静。另一方面,焦虑通常与普遍的情绪困扰有关,尽管威胁或危险的因素往往并不存在。焦虑的诱因不像恐惧那么具体,它可能与多种压力源有关。焦虑往往持续时间更长,甚至可能成为慢性病。焦虑症患者通常会出现睡眠障碍,肌肉紧张,坐立不安,无法放松以及注意力不集中等症状。

焦虑障碍的种类

研究表明,在任何时候,20-25%的人口患有可诊断的焦虑问题。焦虑障碍有很多不同的类型,但我在实践中看到的最常见的六种是:

恐惧症:对某物或某种情况产生非理性的过度恐惧。常见的恐惧症包括恐高症,广场恐惧症(对人群密集的公共场所感到恐惧),幽闭恐惧症(对封闭空间感到恐惧),孤独恐惧症,社交恐惧症,疾病恐惧症,动物恐惧症,昆虫恐惧症等。

广泛性焦虑症：与日常活动相关的过度担忧或焦虑，与实际情况或环境不相称。

分离焦虑症：无法与重要他人分离和个体化。这种情况通常发生在那些对重要他人缺乏安全感且焦虑不安的人身上。这种疾病可能表现为儿童和青少年拒绝上学。

强迫症：侵入性思维，冲动或图像，产生恐惧，担忧或痛苦和不安的感觉，通常导致患者重复，刻板的行为，以减轻痛苦和焦虑的感觉。常见的强迫症包括对污垢，疾病，毁灭，衰败和死亡的恐惧，常见的仪式行为包括强迫性清洁，计数和检查。

恐慌症：突发，自发的反复恐慌发作。患者会害怕未来再次发作，并会尽量避免与过去恐慌发作相关的情境或地点。

社交焦虑症：对参加社交场合或活动过度焦虑或恐惧。患者担心自己的行为举止会引起他人的负面反馈或批评。通常，患者会选择完全回避社交场合或活动，无论其重要性如何。当社交场合或活动不那么熟悉时，社交焦虑的程度可能会更加明显。

存在焦虑：生活充满恐惧和不安。大多数时候，患者还会感到压力。这些人通常被诊断为广泛性焦虑症。这种是因为在存在焦虑中不存在特定的担忧，因为生活本身就是焦虑的来源。

那些在早期经历依恋问题和创伤的人，如果感到自己不属于这个世界，就特别容易患上存在焦虑症。最近，由于新冠疫情，全球变暖，战争和战争传言，我们看到了存在焦虑症的上升，特别是在老年人和年轻人中。很多人都有存在焦虑症，但迄今为止，它尚未被纳入标准的*国际疾病分类[11]*或*精神障碍诊断与统计手册[12]*。

遗传学的作用

如前所述，焦虑的人总是会感到不确定和不安全。焦虑具有遗传性，因为焦虑可能在一个家庭中代代相传，焦虑的成年人往往在早年生活中有过不安全感或焦虑的依恋经历。这会导致高度警觉，使他们对感知到的或真实的拒绝变得敏感，从而容易患上社交焦虑症。经历过童年创伤的人通常会变得高度警惕和警觉，总是坐立不安。他们很难

---

11 在撰写本文时，《国际疾病分类》为第10版 (ICD 10)
12 在撰写本文时，该出版物已发行至第5版（DSM 5）

放松和冷静下来，并容易患上一种或多种焦虑症，如广泛性焦虑症和社会焦虑症。有被拒绝和抛弃经历的儿童也更容易出现焦虑问题。被拒绝和抛弃会深深伤害一个人的心理和精神，使其心理承受力和韧性下降，在面对压力时更容易陷入焦虑。

案例研究

我想分享一个特殊病人的案例，我姑且称他为詹姆斯·耶曼斯[13]。

詹姆斯·耶曼斯（强迫症）

詹姆斯是一位35岁的商业主管，工作非常成功。他在同行中很有名，是一名虔诚的基督徒，积极参与当地教堂的活动。詹姆斯因为工作表现不佳而焦虑不安，尽管他取得了相对的成功，但还是向我求助。为了消除内心的疑虑，他养成了强迫症，总是反复检查自己的工作是否有错误。我诊断出他患有强迫症，并建议通过药物治疗和心理咨询来治疗詹姆斯。

詹姆斯告诉我，他强迫症是在父亲突然心脏病发作去世后不久开始的。詹姆斯因父亲的突然离世而感到压力重重，心情沮丧，无法集中精力工作。有一天，他犯了一个严重的财务错误，如果不是及时发现错误，公司可能会遭受难以估量的损失。他及时纠正了错误，但自此之后，他一直担心自己会因为检查时间不够而犯下另一个错误。

除了这次事件，詹姆斯仍然认为自己是一个做事一丝不苟的人，他经常检查任务，以免犯错。这种一丝不苟的性格是"遗传"自他的父亲，父亲曾告诉他，犯错可能会付出惨重的代价。詹姆斯记得父亲是一个非常有条理的人，他为各种任务制定了特定的系统。小时候，父亲不仅教他如何做事，还告诉他不能偏离这些方法。詹姆斯必须以特定的方式将餐具堆放在洗碗机中，以充分利用空间。工具必须放回工具棚的正确位置，否则父亲会不高兴。书包必须在前一天晚上准备好，第二天早上起床后检查。有一次，詹姆斯不小心把午餐盒落在学校了。父亲拒绝为他准备一周的午餐，以此告诫他要更加小心。

詹姆斯形容他的父亲是一个严厉而疏远的人。"我努力与他亲近，"他告诉我，但他不记得与父亲有过多少快乐的时光。他的母亲是一个热情

---

13 并非其真实姓名

的人，弥补了父亲的严厉，但对詹姆斯来说，生活就是父亲一系列严格的教练课程。尽管如此，詹姆斯还是钦佩父亲勤奋工作，职业道德高尚。高中毕业后，詹姆斯不知道该读什么大学专业。父亲建议他读商科，因为就业有保障，但詹姆斯认为也许他应该追随父亲的脚步，成为一名银行家。

根据他的历史，我认为詹姆斯一直是个焦虑且强迫症倾向严重的人。他还对父亲有着过分的依恋，甚至将他理想化，以至于他把自己的生活模式化，以取悦父亲。詹姆斯没有机会发展父子关系，他与父亲的脆弱联系因父亲的突然去世而过早地终止。我以为詹姆斯会有许多情绪，包括悲伤，失望和愤怒。然而，他把负面情绪从意识中排除了，而是通过强迫症来表达。

通过辅导，我引导詹姆斯探索了他与父亲的关系——从詹姆斯的童年到父亲去世。起初，詹姆斯说他父亲非常爱他，尽管他对两人共度的有意义时光记忆有限。但随着他对我越来越信任，詹姆斯开始更坦率地表达失望。他觉得父亲自私且不体贴。当他允许自己自由谈论父亲时，他的悲伤很快转变为愤怒，然后是对父亲的愤怒。他痛苦地哀叹父亲对他缺乏爱和同情。詹姆斯对他费尽心机却无法赢得父亲的心感到愤恨。

在安全的治疗论坛中，詹姆斯意识到自己一生都存在焦虑问题。他一直用完美主义来应对焦虑，并以此赢得父亲的关爱。现在他明白，自己越追求完美，焦虑感就越强烈，因为总是达不到目标。詹姆斯还他开始意识到，作为一名基督徒，他对待与上帝的关系的方式与对待与父亲的关系的方式如出一辙。他认为上帝是一位严厉的监工，他永远达不到上帝的标准。詹姆斯在内心深处对上帝的恩典知之甚少。

詹姆斯的丧亲之痛让他陷入了危机，他对自己关于上帝和自己的属灵儿子的基督教信仰产生了怀疑。他意识到自己的属灵生活充满了对上帝的渴望，同时他也相信自己永远无法赢得上帝的爱。当他最终允许自己完全接受上帝的恩典时，詹姆斯终于能够放下悲伤，愤怒和痛苦。他还能放下内心深处的理想化父亲形象，并发现了自己作为上帝之子的新身份。詹姆斯获得了新生的自由，从此生活不再那么刻板。他的强迫症不再困扰他，他甚至不再服药。在我这里继续接受了一年的心理治疗后，他终于不须要接受我的门诊治疗。他已结束我的门诊治疗。直到今天，詹姆斯仍然相信上帝对他的恩赐和爱，而不认为他必努力赢得上帝的爱。

焦虑症和家庭外（寄养）护理

几年前，上帝让我萌生了一个想法，那就是将我的预约簿开放给需要家庭外（寄养）护理的年轻人。这些年轻人不与亲生父母同住，被视为国家的监护对象（尽管现在已不再使用这种说法），由卫生部长代表国家进行监护。与许多儿童，青少年和家庭心理医生一样，我过去也尽量避免接诊这类病例，因为这类病人很难治疗。这些儿童和青少年通常存在多种心理健康问题，尤其是焦虑症。他们往往还患有各种神经发育障碍，如注意力缺陷多动障碍和学习障碍。然而，我感到最沮丧的是寄养系统缺乏持久性。

当我作为治疗师接触这群年轻人时，我了解到他们常常缺乏归属感，这进一步加剧了他们对自身的不安全感和对未来的不确定性。这种不归属感是一种无法通过药物，放松和引导性想象克服的生存问题。内心的不安埋藏在人的内心深处，生活变成了一种伴随着不真实感的永久焦虑状态。他们常常会自残，通过疼痛和鲜血来确认自己内心仍有活力。他们还反映，药物会使他们的思想和情绪麻木，进一步加深了他们对内心空虚和虚无的认知——这是无法忍受的。

案例研究

我有幸担任了艾米丽和丹妮尔[14]两位姐妹的儿童和青少年精神科医生。她们目前被同一个家庭收养，已经在一起生活了四年左右。当收养计划将她们纳入这个家庭时，艾米丽十三岁，丹妮尔八岁。她们的养父母是一对年长的夫妇，他们的成年子女已经离家，他们有心帮助弱势年轻人。在这对养父母之前，艾米丽和丹妮尔曾与另一对夫妇生活了两年。然而，当发现这对夫妇对艾米丽和丹妮尔不好时，她们的安置就失败了。这对姐妹经常被送到房间里，不给饭吃，作为对轻微不当行为或所谓不良行为的"惩罚"。还有人指控这对夫妇对女孩进行身体虐待。

在进入这个家庭之前，艾米丽和丹妮尔就已经经历了贫困的童年，饱尝情感虐待和身体忽视。她们的亲生父母有吸毒，酗酒和犯罪的前科，他们的家里经常有向父母购买毒品的人出没。女孩的父亲因吸毒，贩卖毒品，盗窃和攻击而多次入狱。更糟糕的是，他们的母亲因虐待儿童而入狱，因为她的行为导致他们年幼的妹妹死亡。据称，他们的母亲以行为不端

---

14 不是他们的真名

为由将两岁的孩子扔到墙上。艾米莉和丹妮尔都是事件的目击者。当时，她们分别只有9岁和4岁。在母亲入狱后，她们很快被安置在寄养家庭。

丹妮尔·亚当（极度焦虑症和多动症）

先说说丹妮尔，她八岁时被转介给我。我第一次见到丹妮尔时，她极度焦虑，胆小，坐立不安，与人交流的能力有限。她在学校表现不佳，与同学关系不佳，由于缺乏主动性，需要老师不断指导。在养父母家里，丹妮尔是个模范孩子。她的养母观察到，小女孩总是渴望取悦他人，似乎害怕犯错。后来，我发现当丹妮尔被之前的养父母"管教"时，她常常不知道自己做错了什么。她经常被关进房间，不准吃饭，或者被关在室内，不准到外面玩。

我开始用药物治疗丹妮尔的极度焦虑。我还诊断出她患有注意力缺陷多动症，并给她服用精神兴奋药物。由于她相对缺乏语言表达能力，我为她提供了游戏疗法。她为我画的第一个画是她自己，她把她的身影放在页面的下角，背景是黑色的斑点。下一幅画是她的家人。丹妮尔画了自己和姐姐艾米丽（比丹妮尔大得多），以及一个蜷缩在右上角的小婴儿。我解读她的画时，认为画中描绘了她微不足道的自我，没有父母的身影以及天堂里死去的小妹妹。后来，我发现之前的养父母经常把丹妮尔关在壁橱里。这解释了她第一幅画中的黑色斑点。

通过定期治疗和新的抚育环境，丹妮尔慢慢好转。游戏疗法逐渐被谈话疗法取代，在我帮助她探索内心世界的过程中，她开始更多地谈论自己。很快，丹妮尔开始谈论自己的愿望，欲望和希望。她开始在学校交朋友，并参加课外活动，如她真正喜欢的艺术和舞蹈。她也开始将自己视为寄养家庭中不可或缺的一员，她希望尽可能长时间地与寄养家庭在一起，即使她年满18岁之后也是如此。

丹妮尔在学校里的成绩持续提高。我第一次见到她时，她还在三年级，学习很吃力，但到了六年级，她的大部分成绩都达到了平均水平。她尝试竞选学校队长，虽然最终落选，但她成功当选了宿舍队长。丹妮尔开始对高中生活充满期待，我对此表示理解。她真心喜欢上学，并敢于向我表达成为一名教师的愿望。她还谈到想加入教堂的青年团，因为她最终跟随养母去教堂，并发现那里是一个安全而温馨的地方。

丹妮尔升入高中后，基本上没有遇到什么麻烦。从那以后，我虽然见她的次数少了，但仍然经常见到她。她仍然需要服药，因为她时不时会感到压力。她的养母告诉我，在正确行事方面，丹妮尔对自己要求非常严格。如果她认为自己做错了什么，就会很容易感到内疚，但她在与养父母的关系中感觉更加安全。她以一种真实而具体的方式自由地谈论她的基督教信仰，并且不断进步。我对丹妮尔的预后和持续生活充满信心。

艾米丽·亚当（焦虑症，多动症）

艾米丽是丹妮尔的姐姐，在我接受转诊时已经13岁了。她是一名7年级的青少年，她在我的诊所的表现与她妹妹截然不同。丹妮尔是一个严重焦虑的年轻女孩，但是艾米丽是一个很充满怒气的青少年。她不愿意见我，也不愿意与我交流。她认为向另一个医生重复她的故事是在浪费她的宝贵时间，并且对我是否有能力真正帮助她表示怀疑。但隐藏在她愤怒的外表下，艾米丽的内心焦虑是显而易见的。尽管她现在有一个充满爱的寄养家庭，但她仍然对之前的寄养经历感到焦虑，担心未来自己可能再次被抛弃。

我首先给她开了抗焦虑药。她的儿科医生还诊断出她患有注意力缺陷多动症，目前一直在服用精神刺激药物，我决定继续给她开这种药。由于焦虑症和注意力缺陷多动障碍，艾米丽总是坐立不安，心不在焉。她在学校不与老师交流，成绩排在年级后25%。由于她性格防御性强且好斗，同学都害怕她，因此她的同伴关系也很糟糕。她没有加入任何特定的同伴团体，而是漫无目的地从一个团体游荡到另一个团体。

艾米丽同样很难接受辅导。我努力与她建立融洽的关系，但经过一年的定期辅导，我才最终与她取得了沟通。最初，我们的辅导时间很短。但一年后，艾米丽终于能够全程待在我的房间里。尽管如此，艾米丽仍然缺乏反思的能力。她倾向于将责任推卸给他人，即使经过多年治疗，她测试现实的能力仍然很差。

艾米丽的生活充满了人际危机。在学校，她经常与老师发生争执，不完成课堂作业，逃学，无故旷课。在家里，她总是与父母唱反调，爱顶嘴。她很难融入家庭，甚至曾无故离家出走。艾米丽经常表示她不想留在寄养家庭——但几天不见后她总是会回来。两年前，艾米丽开始自残。她还抓挠自己的皮肤。有一次和我谈话时，她告诉我，自残带来的痛苦让她感到自己还活着。否则，她觉得自己内心一无所有。

　　艾米丽告诉我，她想成为一个坚强的人，这样别人就不会欺负她了。与她的妹妹丹妮尔不同，她没时间信奉上帝。她倾向于独来独往，经常不参加家庭活动，包括家庭度假。她似乎缺乏同理心，多次滥用养母的信用卡在网上购物。虽然她口头上表示了悔意，但行为上没有任何改变。艾米丽也无法建立长期关系，因为她认为人们通常不可信。她焦虑的程度比我第一次见到她时略有减轻，但仍然没有生活目标。她的内心深处仍然存在空虚和空洞。

　　艾米丽和丹妮尔都没有和我公开讨论过她们早期的创伤。但丹妮尔似乎对新寄养家庭提供的安全关系反应良好。她设法克服了早期的一些创伤，拒绝，遗弃和忽视。她还找到了与上帝建立有意义的关系。不幸的是，艾米丽未能像丹妮尔那样找到治愈。毫无疑问，她遭受创伤的时间比她小四岁的妹妹长得多。我也在想，艾米丽是否还遭受过其他创伤，她有意识地或无意识地压抑了这些创伤。我相信，在内心深处，艾米丽害怕改变。改变可能是痛苦而艰难的。它会带来未知的后果，这对创伤幸存者来说是一种自动的威慑。对许多人来说，继续痛苦更简单。矛盾的是，正是对改变的恐惧阻碍了我们走向更美好的未来。

第7章

恐惧：灵性-生物-心理-社会角度解析

恐惧是人类非常普遍的一种体验。在我们人生的某个阶段，每个人都会经历某种恐惧。恐惧是一种由对威胁或危险的预期引发的情绪，是确保我们应对威胁，确保生存的必要反应。大多数恐惧都是先前创伤的结果。例如，一个人在被狗咬伤后可能会对狗产生恐惧。另一个人患有广场恐惧症——害怕身处无法轻易逃离或获得帮助的情境或地点——可能在过去曾出现过恐慌发作。通常情况下，当一个人出现恐慌发作时，他们会感到无助，并迫切希望逃离这种处境。这样的人最终会避免去人群拥挤的地方， 乘坐公共交通工具，去空旷的地方，或者去他们觉得可能成为陷阱的地方，例如电梯和隧道。这个人会害怕再次出现恐慌，因此会避开可能引发这种恐惧的地方。

有些恐惧——对掠食者的恐惧，对高度的恐惧，对黑暗的恐惧，对孤独的恐惧——非常普遍，人类自古以来就有这种恐惧。这些恐惧在童年时期最为明显，因为那时没有创伤史。20世纪瑞士著名心理学家和心理分析学家卡尔·荣格(Carl Jung)观察到，尽管没有证据表明不同种族之间存在直接的知识和经验共享，但许多种族都有共同的梦境，想象，信仰和恐惧。这促使荣格提出了"集体无意识"的存在，它就像一个隐藏的人类经验仓库，影响着我们的情绪，思想和行为。恐惧黑暗和孤独的恐惧深深植根于我们的集体无意识中。进化论者认为，这些恐惧有助于我们的祖先生存，并确保我们物种的生存。动物研究进一步表明，恐惧可以代代相传。在研究实验室中，母鼠如果对以前没有威胁的经历产生恐惧，那么其后代也会表现出同样的恐惧反应，尽管这些后代从未经历过同样的实验。

恐惧的起源

在《圣经》中，《创世纪》记录了人类在地球上的生命起源。这是人类历史的开端。《创世纪》第一和第二章不仅描述了上帝创造生命的过程，还描述了各种关系的建立——上帝与我们的祖先之间的关系，以及我们的祖先亚当和夏娃之间的关系。上帝与我们的祖先之间的关系以安全联系，沟通和友谊为特征。这是父母与子女之间典型的安全依恋。上帝为亚当和夏娃提供安全感，监督，保护和资源，让他们成长并征服他们所生活的环境。他们在自我管理，相互关系和环境管理方面都发挥最佳作用。因此，上帝是人类的第一位父母，为我们提供了安全的依恋。

安全的依恋与恐惧相反，它能够产生一种接纳，归属和爱的感觉。有爱，就没有恐惧（约翰一书4:18）。有爱，就没有排斥（约翰一书3:1）。请允许我利用我们尘世的生活经验来理解《创世纪》中的叙述。当我们对父母产生深深的依恋时，我们自然而然地感到自己是家庭的一部分。我们感到被爱和接纳。我们充满自信。安全感强的孩子更愿意探索周围的环境，因为他们知道父母永远都在身边。孩子时刻都能感受到父母的关爱，因此不会感到恐惧。这种"无形的纽带"将孩子与父母紧密相连，让他们感到可靠和安全感。在这种安全感下，孩子会认为父母重视自己，这进一步增强了孩子的自我价值感。亚当和夏娃的经历就是如此，《创世纪》第1章和2章对此有所描述。

当亚当和夏娃无视上帝的指示时，他们立即受到了惩罚。他们对与天父安全的依恋与紧密相连的信心动摇了，恐惧随之而来。我们在《创世纪》第3章 第8至10节中读到：

> 天起了凉风，耶和华神在园中行走。那人和他妻子听见神的声音，就藏在园里的树 中，躲避耶和华神的面。耶和华神呼唤那人，对他说："你在那里？"他说："我在园中听见你的声音，我就害怕；因为我赤身露体，我便藏了。

上帝的脚步声如以前曾给孩子们带来对慈爱父母到来的喜悦和期

待，而现在却带来了恐惧。上帝来接近他们，但亚当和夏娃已经内心充满了不祥的预感和恐惧。作为回应，他们决定躲避上帝。他们记得上帝的警告："只是分别善恶树上的果子，你不可吃，因为你吃的日子必定死。"（创世纪2:17），羞耻和恐惧随之而来，他们的反应是远离上帝。

让我们设身处地地站在亚当和夏娃的角度。死亡的经历对他们来说是完全陌生的。一个人如何能够完全理解他们没有经验的事情呢？然而，上帝的品格却始终如一。祂寻找他们——不是为了惩罚他们，而是为了恢复和安抚他们。

上帝仍然与他们同在，但从那时起，亚当和夏娃从根本上感觉与上帝分离了。他们遭受了巨大的创伤，恐惧成为他们的本能。直到今天，恐惧仍然是人类普遍的经历。所有的恐惧都归为以下三个原始类别之一：

- 死亡恐惧。对掠食者，高处，密闭空间，疾病，飞行和黑暗的恐惧，归根结底都是对死亡恐惧的不同表现形式。
- 被抛弃或拒绝恐惧，也包括害怕分离恐惧。
- 对自己微不足道的恐惧。害怕失败和失去自主权是对自己微不足道的恐惧表现。

人类与上帝不同，人类父母无法为我们提供绝对安全的依恋感。这就是为什么我们人类可能会遭受一种或多种原始恐惧的原因。对于那些在生命早期经历分离的人——安全依恋受到重大扰乱，拒绝，忽视或虐待受到严重干扰——恐惧更有可能成为我们生活中普遍存在的特征。

雅各，族长（圣经研究）

《圣经》说："圣经都是神所默示的（或作：凡神所默示的圣经），于教训，督责，使人归正，教导人学义都是有益的"（提摩太后书3:16）。圣经还记载了有信仰的男男女女的经历，既不美化他们的善行，也不淡化他们的缺点，以便我们能够向他们学习（希伯来书11）。在《创世纪》中，有许多不同的人物，从精神医学的角度来看，我认为雅各是最有趣的一个。他是个非常丰富多彩的人物，我们可以从他身上了解恐惧以及如何克服恐惧。

竞争滋生害怕错失的恐惧（创世纪25:21-26）

雅各是利百加和以撒的儿子，他们之前很长时间没有孩子。利百加在丈夫以撒向上帝祈祷后终于怀孕了。她怀了双胞胎，但在怀孕期间，她的子宫里出现了动荡。她腹中的双胞胎互相推搡，似乎一直处于争斗和竞争状态。他们在子宫内的开始就决定了他们日后互动和关系的基调。当分娩时间到来时，以扫是长子。但雅各虽然排在第二位，但并没有被落下——他出生时紧紧抓住哥哥以扫的脚跟。在比赛中，当两个竞争者之间没有明显的身体分离时，可以说两者同样排在第一位。在希伯来语中，雅各的名字的意思是"取代者"，"夺取者"和"抓住脚跟的人"。从出生起，雅各的行为就好像害怕错失良机和变得微不足道。这种害怕错失的恐惧常常会促使我们采取看似无情和不道德的行为。在恐惧的影响下，我们的理性往往退居其次，我们可能会做出事后会后悔的行为。

偏袒导致对渺小的恐惧（创世纪25:27-34）

在雅各的家庭中，他的父母各自偏爱他们各自喜欢的儿子。利百加爱雅各，而以撒爱以扫。雅各很可能没有从父亲以撒那里得到安全感，这种关系中的不安全感加剧了他对渺小的恐惧。他完全清楚自己不是长子会有什么损失。我认为雅各会非常在意自己只是稍稍错过了这个与生俱来的权利。他为了与以扫争夺长子的名分，不惜用一碗炖肉作为筹码，这种自发性暴露了他的急切。他迫不及待地抓住这个机会，去争取本可能属于他的东西。以扫对自己的长子名分不屑一顾，这让雅各占了上风。如果这位长兄没有那么贪婪，也许雅各不会成功。事实上，雅各对父亲的爱缺乏安全感，又害怕自己微不足道，这驱使他偷走了以扫的长子名分。确信自己的价值和重要性是人类的基本需求。追求权力，名望和财富往往是对这种未满足的重要性的体现。这就是为什么许多青少年开始以他们认为体现重要性的"名人"为榜样。但真正的重要性只能来自我们的内心。

屈服于恐惧会让我们陷入欺骗（创世纪27:1-30）

当以撒年迈且视力衰退时，他让以扫去打猎，好让他在死前祝福以扫。利百加让雅各伪装成以扫，这样以撒的祝福就会落到他身上。尽管雅各欺骗了他的兄弟，夺走了长子的名分，但他并不愿意欺骗自己的父亲。他担心因为欺骗而招致父亲的诅咒。但利百加的对雅各的放纵之爱促使她代替雅各接受诅咒。她对最爱的儿子的爱毫无保留。她相信儿子的价值，愿意采取这一行动，这鼓励了雅各与利百加串通一气。

雅各意识到父亲对他的爱有所减少，因此决定欺骗是获得祝福的唯一方法。他对以撒的不安全感以及害怕失去父亲的祝福，意味着他愿意付出任何代价。雅各布坚信，一旦他获得了父亲的祝福，他的生活就会变得有意义。当父子俩坐在这一重大事件的门槛上时，以撒两次表示怀疑他是否在和以扫打交道。两次，雅各都向以撒保证，自己确实是长子以扫。雅各非常需要父亲的关爱，迫切希望得到父亲的肯定和重视，以至于在这个神圣的时刻欺骗了父亲。就这样，雅各通过欺骗获得了以撒的祝福，而这份祝福是留给长子的。

对未知和死亡的恐惧（创世纪27:41-45, 28:1-5）

当以扫得知自己被雅各欺骗后，发誓要在父亲去世后杀死弟弟。雅各的不安全感和对渺小的恐惧现在被对死亡的恐惧所取代。尽管如此，以撒还是爱着两个儿子。虽然他让雅各离开，但他是出于善意，并善意地建议雅各不要娶迦南女子为妻。以撒还向雅各宣布了亚伯拉罕的祝福，这实质上使他成为上帝应许其祖父亚伯拉罕的合法继承人。

从以撒的灵性来看，雅各很可能就是上帝的选民。雅各布也渴望得到父亲的祝福，因此听从了父亲的告诫，选择了合适的妻子。这是雅各性格中的优点。他非常重视父亲的祝福，因此不会做出任何危及这份礼物的事情。以扫则不具备这种优点，他轻率地抛弃了长子的名分，并娶入了父亲要求儿子们避开的家族。

当我们陷入恐惧的深渊时，上帝就在我们身边（创世纪 28: 10-22）

雅各逃离以扫时正处于人生的低谷。他不得不离开父母和社区，前往一个陌生的地方躲避愤怒的哥哥。他的未来充满不确定性，恐惧程度一定达到了极点。他是否认为所有的阴谋诡计都不值得？他是否对自己对哥哥和父亲的行为感到后悔和自责？正是在他人生中这段抑郁的低谷时期，上帝与雅各相遇。怀着敬畏和恐惧，雅各发现自己站在"上帝之殿"下的"天堂之门"前。在神圣恩典的时刻，上帝向雅各伸出了手，向他承诺了与他的祖父亚伯拉罕和父亲以撒相同的承诺。 上帝在雅各几乎不认识主是他的个人上帝的时候，向雅各伸出了他深不可测的爱。在雅各绝望和恐惧的深渊中，上帝向他伸出了援手，带给他比梦想中更美好的希望。他的天父单方面向雅各承诺了安全，保护和意义，而雅各则许下誓言作为回报。上帝兑现了誓言，二十年后，祂提醒雅各，祂确实听到了雅各的祈祷（创世纪13:31）。

当我们跌入谷底时，上帝会带我们重回巅峰（创世纪29-31）

到目前为止，雅各应对恐惧的方式给他带来了许多麻烦。他需要学习新的生活方式，而上帝对他的承诺将改变他的生活。他知道他不能再继续耍阴谋诡计了。

　　逃离家乡后，雅各与母舅拉班同住，并为他工作。在拉班身上，雅各布看到了自己的影子，充满了恐惧和不安全感。拉班还模仿雅各布的欺骗行为，诱骗外甥娶了他并不喜欢的女儿利亚。这样，年轻人为了娶自己真正爱的女儿拉结，就只能被迫再苦干七年。拉班多次未经协商就改变雅各的工作条件和工资，进一步剥削他。但雅各学会了以敬畏上帝的方式与拉班打交道，也学会了改变自己自欺欺人的处事方式克服了自己的恐惧。最后，雅各终于能够站在拉班面前宣布：

我在你家这二十年，你的母绵羊，母山羊没有掉过胎。你群中的公羊，我没有吃过；被野兽撕裂的，我没有带来给你，是我自己赔上。无论是白日，是黑夜，被偷去的，你都向我索要。我白日受尽乾热，黑夜受尽寒霜，不得合眼睡着，我常是这样。我这二十年在你家里，为你的两个女儿服事你十四年，为你的羊群服事你六年，你又十次改了我的工价。若不是我父亲以撒所敬畏的神，就是亚伯拉罕的神与我同在，你如今必定打发我空手而去。神看见我苦情和我的劳碌，就在昨夜责备你。

----创世纪 31:38-42

　　二十年过去了，雅各不再以适得其反的方式屈服于恐惧。上帝赐予他繁荣，并增加了他的地位和财富，因为雅各应对恐惧的适应不良的应对机制不再阻碍上帝对他的祝福。正是在这个时候，上帝提醒雅各他在伯特利向上帝许下的誓言（创世纪 31:13）。现在，雅各已经做好了充分的准备,可以继承祖父亚伯拉罕和父亲以撒的衣钵,这是二十年前就应许给他的。

克服恐惧需要时间。上帝花了很多时间才消除雅各的消极应对方式,并帮助他学习新的行为。但雅各还有另一个恐惧需要面对:他的哥哥以扫和死亡的威胁。雅各从上帝那里获得了安全感与意义,并因此坚定了自己的信仰。但这足以让他面对以扫吗?雅各会继续依靠上帝来应对恐惧吗?

在神的帮助下,我们可以直面恐惧(创世纪32)

雅各在多年后见到他的哥哥,难免会感到恐惧。他给以扫准备了丰厚的礼物,并指示仆人明确传达他对哥哥的臣服。他还把家人分成两组,每组保护自己的牲畜,以防以扫袭击。他竭尽所能避免与以扫发生冲突,他的行为表明了他对自己哥哥的不当行为的真正悔恨。雅各处于"极大的恐惧和痛苦中"(第7节),但他表现出了负责任的行为和谦卑的态度,希望避免灾难和伤害降临到他的家人身上。

最后,雅各向神祈祷,承认自己的不配,祈求神的信实,并请求神的保护。但即使这样,也无法平息他的恐惧。他知道他还要面对他的哥哥以扫,他知道他的出现只会提醒以扫雅各是如何欺骗以非法手段获得长子的名分和他们父亲以撒的祝福。尽管他富有,尽管他外表显赫,但时隔二十多年后即将与以扫的相遇,让雅各想起了他内心深处的不安全感,以及害怕自己无足轻重的恐惧。

在孤独和脆弱之时,当每个人性化的保护都不可用时,雅各的内心和灵魂赤裸裸地呈现在上帝面前。内心的冲突让他别无选择,只能向神求助,与恐惧抗争。在寂静的夜晚和黑暗的深处,雅各与神进行了肉搏。在全能的主面前,所有的欲望,梦想和恐惧都赤裸裸地展现在眼前。这是最彻底的煎熬。那里没有其他生物。没有人亲眼目睹雅各与神进入那个有形的空间。当上帝以一种非常个人化的方式与我们面对面时,就会发生这种交易,雅各知道这是唯一的机会。在得到上帝的祝福之前,他不会放手——这种祝福,一旦说出,就只能给雅各一个人。这不是可能会被盗或被欺骗。这必须是一种祝福,能给雅各带来合法性,并最终使他摆脱恐惧。

上帝确实赐福给雅各,并确认了这一点,将他的名字改为以色列,意为"与上帝较力的人"（第28节）。通过这样做，上帝赋予雅各新的身份和命运，恢复了他的合法性。雅各当时就知道他已面对面地看到了上帝（第30节）。与上帝的这次相遇是他梦寐以求的，他在伯特利找到了上帝的居所（创世纪28:17）。那时他还不认识上帝，但这次他遇到了上帝，并与他进行了面对面的搏斗。雅各的生活从此发生了翻天覆地的变化。他与上帝同行，在灵里与肉体上都有了改变——上帝还让他瘸了大腿，让他知道这次相遇是真实的。现在，他不再是一个充满害怕，雅各会像敬畏上帝的人一样生活。他亲眼见到了他祖先的上帝，"亚伯拉罕的上帝和以撒的敬畏"（创世纪31:42），他的生活从此不再一样。

就像雅各一样，我们所有的恐惧都需要通过慈爱的天父来解决。我们作为人类的恐惧源于对死亡，被拒绝，被抛弃和失去意义的原始恐惧，这些恐惧源于堕落以及随之而来的与天父的疏远。就像雅各一样，我们也需要紧紧依靠上帝，寻求他的同在和祝福。我们的治愈过程可能漫长而艰辛，我们可能需要直面自己的恐惧，因为恐惧不仅无济于事，甚至会使我们的不安全感更加复杂。我们需要学会顺服上帝的恩典，这样才能真正摆脱惧。

第8章

神的父性与心理健康及医治

与其他精神信仰相比,基督教信仰的独特之处在于它向信徒宣称上帝是父亲。圣经《创世纪》中记载的创世故事暗示了上帝是父亲,人类起源可以追溯到上帝本人。上帝用泥土创造了一个人,并将自己的生命气息吹入人的鼻孔(创世纪1:26和2:7)。《创世纪》1和2还描述了上帝与亚当和夏娃之间非常亲密的关系,因为上帝与他们自由沟通和交流,正是这种关系因堕落而中断。

从《创世纪》12中亚伯拉罕的召唤开始,上帝制定了祂的计划,以拯救一个民族。从亚伯拉罕个人开始,他的儿子以撒和他的孙子雅各,然后是一个名为以色列的民族。上帝与以色列之间的关系是父子关系。《出埃及记》第4章 第22至23节对此进行了更详细的描述,此前上帝在燃烧的荆棘中与摩西相遇(《出埃及记》第3章)。在《圣经》其他部分也有记载,上帝在《出埃及记》第4章第22至23节中描述了与以色列的关系,即父与长子的关系。这意味着还会有更多的孩子(《希伯来书》第2章 第10节)。

旧约《圣经》中的不同章节进一步阐述了这种父子关系的质量。为了帮助以色列人理解这种关系的本质,上帝用以色列人熟悉的父子关系中的尘世体验来描述这种关系。如果你是父母,你会对此产生共鸣。父母对孩子充满爱,善良,保护,关怀,宽容和牺牲。《圣经》以这种方式描述了上帝与以色列的关系,其中有三段经文尤其让我深有感触:

耶和华说:"以法莲是我的爱子吗?是可喜悦的孩子吗?我每

逢责备他，仍深顾念他；所以我的心肠恋慕他，我必要怜悯他。"

----耶利米书31:20

我原教导以法莲行走，用膀臂抱着他们，他们却不知道是我医治他们。

----何西阿书11:3

耶和华你的神是施行拯救，大有能力的主，他在你中间必因你欢欣喜乐，默然爱你，且因你喜乐而欢呼。

----西番雅书3:17

一位好父母会陪伴孩子，无论他们是否意识到这一点。父母会关注孩子的每一个成长里程碑，无论多么微不足道。父母是坚强而可靠的，与孩子在一起的每一次都是欢欣，舞蹈和庆祝的时刻。我们的天父也是这样了解我们的。

上帝和耶稣的父爱

耶稣在世时，人们经常称他为神的儿子。在《马太福音》第二章中，马利亚和约瑟夫逃往埃及，以避免婴儿耶稣被希律王杀害。希律王死后，他们带着耶稣回到了自己的家。马太认为此事应验了《何西阿书》11:1，该章节适用于作为神的儿子的以色列人：

他们去后，有主的使者向约瑟梦中显现，说："起来！带着小孩子同他母亲逃往埃及，住在那里，等我吩咐你，因为希律必寻找小孩子，要除灭他。"

----马太福音 2:13-15

在耶稣受试探时，连撒旦也称耶稣为上帝之子：

那试探人的进前来，对他说："你若是神的儿子，可以吩咐这些石头变成食物。"

----马太福音 4:3

魔鬼就带他进了圣城，叫他站在殿顶上，对他说："你若是神的儿子，可以跳下去，因为经上记着说：主要为你吩咐他的使者用

手托着你，免得你的脚碰在石头上。"

----马太福音4:5-6

耶稣还多次称自己为上帝之子。在贝塞斯达池边治愈瘫痪病人的事件中，耶稣对犹太当局回应道：

耶稣对他们说："我实实在在地告诉你们：子凭着自己不能作什么，惟有看见父所作的子才能作；父所作的事，子也照样作。父爱子，将自己所作的一切事指给他看，还要将比这更大的事指给他看，叫你们希奇。父怎样叫死人起来，使他们活着，子也照样随自己的意思使人活着。父不审判什么人，乃将审判的事全交与子，叫人都尊敬子如同尊敬父一样。不尊敬子的，就是不尊敬差子来的父"

----约翰福音5:19-23

上帝和基督徒的父子关系

在四福音书的作者中，使徒约翰最擅长阐述信徒是上帝之子这一主题。在《约翰福音》第一章中，他将上帝之道的化身与人类，对上帝之道的信仰以及成为上帝之子的现实联系在一起：

太初有道，道与神同在，道就是神。这道太初与神同在。万物是藉着他造的；凡被造的，没有一样不是藉着他造的。生命在他里头，这生命就是人的光。

----约翰福音1:1-4

他到自己的地方来，自己的人倒不接待他。凡接待他的，就是信他名的人，他就赐他们权柄，作神的儿女。这等人不是从血气生的，不是从情欲生的，也不是从人意生的，乃是从神生的。

----约翰福音1:11-13

约翰在《约翰一书》3:1中进一步将上帝的爱与作为上帝之子我们的使命联系起来：

你看父赐给我们是何等的慈爱，使我们得称为神的儿女；我们也真是他的儿女。世人所以不认识我们，是因未曾认识他！

他在《约翰一书》4:10中写道：

不是我们爱神，乃是神爱我们，差他的儿子为我们的罪作了挽回祭，这就是爱了。

耶稣基督在十字架上为我们赎罪，使我们成为上帝的儿女。他不仅为我们的罪付出了代价，还使我们得以被接纳进入上帝的大家庭。当抹大拉的马利亚在耶稣复活后的第一个星期日与耶稣相遇时，约翰记录了以下内容：

耶稣说："马利亚！"马利亚就转过来，用希伯来话对他说："拉波尼！"（拉波尼就是夫子的意思。）耶稣说："不要摸我，因我还没有升上去见我的父。你往我弟兄那里去，告诉他们说：我要升上去见我的父，也是你们的父；见我的神，也是你们的神。"

----约翰福音20:16-17

后来，使徒保罗在《罗马书》中详细阐述了我们的收养教义：

弟兄们，这样看来，我们并不是欠肉体的债，去顺从肉体活着。你们若顺从肉体活着，必要死；若靠着圣灵治死身体的恶行，必要活着。因为凡被神的灵引导的，都是神的儿子。你们所受的不是奴仆的心，仍旧害怕；所受的乃是儿子的心，因此我们呼叫："阿爸，父！"

----罗马书 8:12-15

随后，他在《加拉太书》4:1-7中进一步强调了我们的儿子身份：

我说那承受产业的，虽然是全业的主人，但为孩童的时候，却与奴仆毫无分别，乃在师傅和管家的手下，直等他父亲预定的时候来到。我们为孩童的时候，受管于世俗小学之下，也是如此。及至时候满足，神就差遣他的儿子，为女子所生，且生在律法以下，要把律法以下的人赎出来，叫我们得着儿子的名分。你们既为儿子，神就差他儿子的灵进入你们（原文作"我们"）的心，呼叫："阿爸，父！"可见，从此以后，你不是奴仆，乃是儿子了；既是儿子，就靠着神为后嗣。

因此, 救赎不仅仅是摆脱罪恶和诅咒, 而是被接纳进入上帝的大家庭。我们不仅仅是因着恩典得救的罪人——虽然这是事实。但上帝的恩典不止于此。他的目的更好, 更伟大。祂的目的是让我们这些凡人成为祂的子女, 成为基督的继承人和共同继承人。正如圣经所言:

> *既是儿女, 便是后嗣, 就是神的后嗣, 和基督同作后嗣。如果我们和他一同受苦, 也必和他一同得荣耀。*
>
> ----罗马书8:17

每当我读到这段经文时, 我都会感到震撼。请和我一起想象一下: 耶稣所是的一切, 我就是; 耶稣所有的一切, 我都有。让我们思考一下这个真理。

上帝的父性和治愈

圣经中一个重要的启示是上帝是治愈者的身份。上帝在《出埃及记》15:26中首次揭示了祂作为治愈者的身份:

> *你若留意听耶和华你神的话, 又行我眼中看为正的事, 留心听我的诫命, 守我一切的律例, 我就不将所加与埃及人的疾病加在你身上, 因为我耶和华是医治你的。*

这段话的背景是, 以色列人在舒尔沙漠中流浪了三天, 没有水喝。最后, 他们找到了一条小溪, 但水太苦了, 不能喝。他们照常抱怨, 并向摩西诉苦。于是, 上帝指示摩西将一块木头扔进溪流, 之后溪水便变得可以饮用。

这次, 上帝以耶和华·拉法(Jehovah Rapha)的身份现身, 即"治愈者"耶和华。希伯来语中"拉法"("Rapha")一词的意思是"恢复"或"治愈"。旧约圣经中多次提到主是治愈者。祂治愈我们的疾病, 恢复我们的健康, 抚平我们的情感创伤:

> *我的心哪, 你要称颂耶和华, 不可忘记他的一切恩惠。他赦免你的一切罪孽, 医治你的一切疾病。*
>
> ----诗篇 103:2-3

> *"耶和华说: 我必使你痊愈, 医好你的伤痕, 都因人称你为被赶*

散的，说：这是锡安，无人来探问的"

----耶利米书 30:17

他医好伤心的人，裹好他们的伤处。

----诗篇 147:3

看哪，我要使这城得以痊愈安舒，使城中的人得医治，又将丰盛的平安和诚实显明与他们。

---耶利米书 33:6

耶和华靠近伤心的人，拯救灵性痛悔的人。

----诗篇 34:18

上帝对儿女的治愈不仅限于灵性层面，还延伸到身体，情感和心理层面。以赛亚在预言弥赛亚的救赎工作时写在常被引用的《以赛亚书》53:4-5的经文：

"他诚然担当我们的忧患，背负我们的痛苦；我们却以为他受责罚，被神击打苦待了。哪知他为我们的过犯受害，为我们的罪孽压伤。因他受的刑罚，我们得平安；因他受的鞭伤，我们得医治。"

以赛亚还在《以赛亚书》61:1中预示了弥赛亚的治愈工作：

主耶和华的灵在我身上，因为耶和华用膏膏我，叫我传好信息给谦卑的人（或作"传福音给贫穷的人"），差遣我医好伤心的人，报告被掳的得释放，被囚的出监牢。

弥赛亚的使命不仅在于拯救人们脱离罪恶，还在于治愈心理健康问题。马太在《马太福音》第8章第16和17节中肯定了耶稣作为弥赛亚的使命，他写道，耶稣驱赶了恶灵，治愈了所有病人，这应验了《以赛亚书》第61章第1节。马太还补充道："他代替我们的软弱，担当我们的疾病。"（第17节）

我们从《圣经》中得知，耶稣的使命是治愈身体上的创伤，同时治愈精神疾病和精神压迫。耶稣关于"八福"的著名教导主要是为了改善心理健康（马太福音5:3-10）。他还邀请我们与他合作，以减轻我们的情感负担：

凡劳苦担重担的人，可以到我这里来，我就使你们得安息。我心里柔和谦卑，你们当负我的轭，学我的样式，这样，你们心里就必得享安息。因为我的轭是容易的，我的担子是轻省的。

----马太福音 11:28-30

在《路加福音》8:26-39和《马可福音》5:1-20的平行段落中，耶稣驱赶了格拉森被鬼附的人体内的恶灵，从而治愈了他。结果，这个人的心智也得到了恢复。村民们发现他穿戴整齐，而且"神志清醒"（路加福音8:35）。在这个案例中，恶魔附身不仅影响了他的身体，还影响了他的心智。驱除邪灵有助于他恢复更好的身心健康。

在《约翰福音》21:15-19这段经常被引用的经文中，耶稣在彼得否认耶稣后（马太福音26:31-35）再次肯定了彼得。耶稣三次问彼得是否爱他。彼得后来三次否认耶稣，与耶稣的三次询问相对应。这段经文有多种解释，但对我来说，这是耶稣向彼得提供的内心治愈的非常美好的经文。

我们从《圣经》中得知，彼得是一个坦率的人。他毫不掩饰自己的感情，对否认耶稣的行为确实感到非常后悔。在三次否认耶稣后，公鸡鸣叫，彼得"出去痛哭"（路加福音22:54-62）。彼得很可能一直为否认耶稣而感到内疚，但他也有可能对自己软弱无能和爱耶稣的肤浅性有所顿悟。毕竟，他已表明自己不会像之前声称的那样为他的主人而死。

在耶稣询问彼得是否爱他的前两次，耶稣指的是"圣爱的爱"（"agape"的爱）——最高牺牲的爱。彼得两次回答说他爱耶稣，但那是兄弟般的爱，这种爱被认为是一种低等爱。第三次，耶稣改变了问题，问彼得是否用兄弟般的爱来爱他。彼得"很伤心"。他回答说："主啊，你是无所不知的，你知道我爱你。（约翰福音21:17）"

在这段美妙的对话中，耶稣揭示了彼得的真实自我——他以前不知道的自己。耶稣需要彼得更多地了解自己，然后才能委以他生命中的下一个使命。然而，尽管内心充满冲突，耶稣还是以一种温和的方式与彼得交流，彼得因此摆脱了罪恶感。取而代之的是，他获得了宽恕，接纳和归属感。

耶稣的使命

《圣经》说，上帝在过去不同时期通过先知说话。但上帝的最终代言人正是他的儿子耶稣基督（希伯来书1:1-4）。耶稣说他是"道路，真理和生命",我们因他来到父面前(约翰福音14:6)。当我们认识耶稣,也就认识天父(约翰福音14:9),耶稣宣称他与天父是合一的(约翰福音10:30)。从根本上说,耶稣揭示了他与天父在神性中的合一与统一。圣子与圣父的关系亲密无间,他们是一个整体,这种关系是以同步,统一和亲密为特征。从人的角度来说,圣子深知圣父的心意。

通过耶稣和他在十字架上的救赎之死,基督让基督徒得以与圣父享有同样的亲密关系。我们可以像耶稣一样亲近上帝的父心。耶稣在《约翰福音》第17章描述了这种神秘而真实的体验,基督徒无论在过去还是现在都可以享受这种体验:

> *我不但为这些人祈求,也为那些因他们的话信我的人祈求,使他们都合而为一。正如你父在我里面,我在你里面,使他们也在我们里面,叫世人可以信你差了我来。你所赐给我的荣耀,我已赐给他们,使他们合而为一,像我们合而为一。我在他们里面,你在我里面,使他们完完全全地合而为一,叫世人知道你差了我来,也知道你爱他们如同爱我一样。*

> *----约翰福音 17:20-23*

这是神赐予基督徒的亲密关系——这种亲密关系源自上帝的父爱之心。通常,有心理健康问题的人会感到被排斥,不归属,缺乏亲密关系和疏离。然而,人类天生就渴望与人建立联系(创世纪2:18)。我们无法独自存在。我们需要重要的他人来建立自我意识和人生意义。只有在与他人建立有意义的联系时,自我意识才是完整的。

与他人关系融洽的人通常比那些孤立和疏远的人拥有更好的心理健康。通过亲密关系接近上帝的父心有助于治愈心理健康问题,因为它会增加接纳感和归属感。上帝通过耶稣基督使我们与祂和解(哥林多后书5:18),然后通过祂接纳我们成为祂的儿女,让我们感到被接纳和归属(以弗所书1:5),从而实现了这一点。

通过接纳和归属,我们与上帝也获得了和平(罗马书5:1)和上帝的平安(约翰福音14:27)。心理健康问题常常让我们失去平安的感觉。抑郁,焦虑和恐惧患者会感到灵魂冲突和灵性不安。这通常表现为身体机能紊乱,导致睡眠,运动和思维过程不佳。精神药物通常无法使患者平静,只会让他们麻木。这意味着患者感觉自己的精神痛苦被麻醉了,但这也使他们失去了积极的情绪。我的大多数患者都难以忍受这种体验，以至于他们不再服药。通过上帝的父爱获得的平安是不同的。它令人耳目一新，充满活力和动力（诗篇23）。

有心理健康问题的人常常感到绝望。这是抑郁症患者的一个核心特征，然而《圣经》向我们保证，通过上帝的父爱，希望是可以获得的：

> *盼望不至于羞耻；因为所赐给我们的圣灵将神的爱浇灌在我们心里。*
>
> ----*罗马书5:5*

我们对天父的盼望源于我们对祂无条件的爱的认知。我们对祂之爱的认知越深刻，我们对祂的盼望就越坚定。这种盼望并非建立在我们自己的努力和计划之上，而是牢牢植根于祂的信实之中。因此，我们的心灵能够满怀希望地宣告：

> *我们不至消灭，是出于耶和华诸般的慈爱，是因他的怜悯不至断绝。每早晨这都是新的；你的诚实极其广大！我心里说："耶和华是我的分，因此，我要仰望他。"凡等候耶和华，心里寻求他的，耶和华必施恩给他。人仰望耶和华，静默等候他的救恩，这原是好的。*
>
> ----*哀歌3:22-26*

这种希望也能帮助我们克服困难和逆境。

> *但那等候耶和华的，必从新得力；他们必如鹰展翅上腾，他们奔跑却不困倦，行走却不疲乏。*
>
> ----*以赛亚书40:31*

归根结底，我们的心理健康和摆脱精神疾病（无论是焦虑，恐惧还是抑郁）的最终归宿，是对上帝及其对我们慈爱之心的个人认知。

～

恭喜您！您已经完成了本书的第一部分！我希望您喜欢我们一起探索心理健康，焦虑问题和恐惧，生物心理社会治疗及其局限性，以及从基督教灵性的角度考虑和治疗焦虑问题和恐惧的必要性。我希望您通过我的个人见证和案例研究，对我有了更多的了解，包括个人和专业方面。

如果你和我一样，你可能会自言自语："那又怎样？我到底该如何运用从第一部分学到的知识？"当我被告知一个问题时，我也想知道如何解决它。我喜欢自助。当我成功解决了一个问题，阅读完一本手册后，我感到自己获得了力量。作为一名治疗师，我也相信能够赋予他人力量。事实上，当我刚开始写这本书时，它只是第二部分的删节版——基本上就像一个小手册。所以现在我们终于完成了我最初的目标：一本从基督教灵性角度应对焦虑和恐惧的自助手册。

和很多人一样，当我拿到"宜家"(IKEA)手册时，我倾向于跳过某些部分，或者对如何把零碎的东西拼凑起来做出某些假设。我不可避免地感到沮丧和困惑，最后发现必须把所有东西拆开，重新开始。考虑到这一点，我建议您连续阅读以下章节，因为您将学习的技能是相互关联的。我还建议您在阅读时尝试各种练习。无论您是否焦虑或恐惧，这些练习都将丰富您的心理健康，灵性生活。您甚至可以与朋友，同事或亲人分享您学到的练习。

第二部分

优化心理健康的
实践技能

第9章

保持觉察

大多数人发现难以忍受焦虑的情绪。这是因为焦虑通常与一种不安或忧虑的状态相关,表现为过度的担忧, 紧张或恐惧。它常常伴随着一种即将发生危险或威胁的感觉,即使可能没有任何直接或具体的原因引发这种情绪。本能地——尤其是如果他们之前没有经历过焦虑情绪——大多数人会将焦虑视为一种有害的情绪,并试图尽快摆脱它。

恐惧通常与我们可以指出的对象或情况有关,因此我们可以合理地逃避或当场处理。所以, 当恐惧突然出现, 而我们无法将其与特定的威胁或当前情况联系起来时, 就会称之为恐慌或焦虑发作。但人类会试图理解和解释自己的经历,这就是为什么绝大多数第一次经历恐慌发作的人通常会认为自己心脏病发作。很多人会前往最近的医院或找家庭医生就诊,这种情况并不少见,因为恐惧带来的难以解释的身体反应会让他们产生最坏的预感。许多经历过急性焦虑的人, 在恐慌发作时感到恐惧,以至于每当焦虑来袭时, 身体就会不适。这种情况可能会加剧,直到他们经历一波又一波的压倒性焦虑。如果他们学会了有效的镇静技巧,焦虑可能会在短时间内得到缓解。

患有慢性焦虑症的人会告诉你, 他们总是感到紧张, 压力和焦虑, 而另一些人则感到长期的不安。他们的大脑总是充满担忧和顾虑,这些担忧似乎有自己独立的生命,就像自动驾驶模式一样,无论当事人是否打算担心。还有一些人抱怨说, 他们的大脑总是雾蒙蒙的,就像透过厚厚的云层思考一样。

无论是急性焦虑还是慢性焦虑,焦虑管理的第一步都是教会患者应对焦虑，而不是对焦虑做出反应。这通常需要付出很大的努力。因为当患者决定寻求帮助时，他们已经习惯将焦虑感视为一种不受欢迎的情绪。因此，他们必须首先摒弃那些使焦虑持续的行为。要做到这一点，个人需要退后几步，从学会觉察自己的焦虑情绪而不对其做出反应开始。这可能是一项难以掌握的技能，因为我们生活在一个"即时"的世界里。我们以光速处理事务，没有学会如何暂停，甚至期望问题在昨天就已经解决。

但在你学会这种自我觉察之前，首先需要思考一些你可能从未接触过的新知识。

1. 身体感觉先于情绪

作为生物，我们通过五种感官（嗅觉，触觉，视觉，味觉和听觉）不断对外部和内在做出反应。当这些身体和心理感觉融合在一起时，我们就可以用"感觉"一词来描述我们的状态，我们称之为情绪。例如，当面对野生动物时，我们的心跳加快，大量出汗，肌肉极度紧张，呼吸急促而沉重，同时大脑想出无数逃跑的办法。我们将这些感觉统称为"恐惧"。现在让我们想象一下，与暗恋已久的人第一次约会。当那个梦寐以求的人出现在眼前时，我们的心跳加速，出汗，呼吸加快。我们的瞳孔放大，脑海中浮现出无数种打动对方的方法。我们不想逃跑，而是渴望停留下来，细细品味这令人陶醉的体验，哪怕它让我们"双腿发软"。这一次，我们将这些身体感觉统称为"浪漫"。

在上述两种情况下，引起身体反应的生理反应是相同的。然而，由于这两种体验的场景不同，我们对随后产生的情绪的描述也截然不同——一种是恐惧，另一种是浪漫。情境决定了所有差异。

2. 情绪没有好坏之分

基于这一认知，我们还可以断言，情绪本身没有好坏之分。它们只是我们与周围环境互动时身体感觉的累积结果。我们管理情绪的能力比简单地判断情绪"是好是坏"更重要。事实上，对情绪的判断往往会阻碍情绪的管理，并使其变得更令人不快。如果情绪只是对某种情况的信号，那么焦虑只是我们即将陷入不确定情况的信号。这种情况的一个极端例子是，我们的身体或心理完整性受到严重威胁。当走在黑暗的小巷里时，我们会感到极度焦虑，我们可以把这种情绪视为有益的,因为它可以让我们更加警觉。这种警觉以及高度的警惕性是可取的,因为我们不确定周围的环境以及我们的安全是否受到威胁。然而,同样的身体感觉以恐慌发作的形式出现,却常常让我们措手不及,因为没有迹象表明即将发生危险。尽管我们的身体或心理并未受到威胁,但极度恐惧的情绪体验仍会让我们感到困惑和迷失方向。我们的身体感觉告诉我们,我们需要远离迫在眉睫的威胁,但我们不知道威胁是什么。

我治疗恐慌症患者已有多年经验。我的大多数患者都告诉我,当他们第一次出现恐慌时,他们强烈地想要逃离或逃避某种他们无法确定的东西。尽管他们之前已经经历过甚至享受过同样的情境,但大多数人还是最终"逃离"了这种情境本身。在这种情况下,对情境的认知评估与身体感觉的严重程度并不相符。这种"攻击"带来的恐惧体验非常强烈,以至于我的大多数患者都保留着与这种场景相关的身体记忆。因此,建议他们今后去同一个地方或面对同样的情况,往往会引发更强烈的恐惧感,尽管程度较轻,而回避成为他们下一步的通常做法。但如果逃避持续下去且得不到治疗,患者可能会患上继发性精神障碍,如广场恐惧症,社交焦虑症或特定恐惧症。

3. 我们对焦虑情绪的反应比焦虑情绪本身更重要

焦虑感只是对结果不确定(真实或主观)的情况或事件的反应。例如,学生可能对即将到来的考试感到焦虑,不确定自己是否已经足够学习通过考试。而他的朋友可能感到平静且充满信心,相信自己会轻松通过考试,因为他知道他为此考试准备了很长时间。对于前者,焦虑的学生如果决定全力以赴,付出更多努力,也许就能将焦虑转化为自信。但如果他认定考试结果已经*板上钉钉*,再怎么努力也无济于事,那么他甚至会对考试感到沮丧。

但焦虑比我们大多数人日常经历的微妙担忧更严重,这又该如何呢?让我们以恐慌发作为例。当恐慌发作时,人们通常会感到身心俱疲,因为没有人能预知这种极度恐惧和无助的感觉。不幸的是,只要当事人继续如此强烈地反应,无论他们之前经历过多少次这样的攻击,那么恐慌症就会持续存在。原因是身体对"灾难"的自然反应,即产生大量的肾上腺素和去甲肾上腺素来"对抗"引起恐慌发作的原因。当事人变得高度兴奋，甚至更加焦虑，但恐慌的原因并没有得到解决。这会导致肾上腺素水平持续升高，为下一次"发作"做准备，从而使人陷入持续的焦虑之中。这是一个恶性循环。不仅如此，从长远来看，患者还可能会患上抑郁症或广场恐惧症（焦虑症）等继发性疾病。

在我担任精神科医生期间，我治疗过许多恐慌症患者。他们告诉我，那种即将发生灾难的感觉非常真实，以至于除了恐惧之外，很难做出其他反应。这就像他们的感觉和实际发生的事情之间存在认知失调。即使没有真正的灾难或迫在眉睫的灾难，人们也会感到极度恐惧，这让他们不知道该如何应对。这就是为什么人们常常会"逃离"当前处境或环境的原因。真实的恐惧和灾难感，以及逻辑上明知一切正常却感到困惑，促使他们完全退出当前处境。"焦虑会消失的，"他们假设，"当我能够摆脱这种处境时。"现实情况是，我们大多数人没有受过这方面的训练，不知道如何应对灾难性的焦虑情绪。

4. 焦虑时保持冷静的最佳方法不是停留在焦虑情绪中

假设我让你随意改变你当前的情绪状态。你会怎么做？假设你感到悲伤，而我让你感到快乐？你如何从焦虑变为平静与安宁？强迫自己感受一种情绪是极其困难的，因为身体传达给你的每一种感觉都在告诉你另一种完全不同的方式——尤其是当感觉非常消极时，无论是焦虑，紧张，恐惧，悲伤还是愤怒。

作为儿童和青少年精神科医生，我在实践中教导年轻人数到10，并远离与极度消极情绪相关的环境。我要求他们暂停一下，并让自己远离这种环境——如果可能的话，从身体上远离，如果不行，就从心理上远离。此外，还要教会年轻人识别引发负面情绪的情况，意识到并说出这种情绪，然后每当这种情绪抬头时，就提前"暂停"。

在理解并解释了上述内容后，让我们现在来关注如何管理恐惧和焦虑。这项练习包括六个关键步骤。第一步是*保持觉察*。它进一步细分为以下几个子步骤：

1. 识别预示恐惧和焦虑情绪的身体感觉
2. 正确识别恐惧和焦虑情绪，不做任何评判
3. 暂停

让我们先处理急性焦虑或恐惧：

急性焦虑

在应对急性焦虑时，我们需要理解以下重要性：

1.准确识别急性焦虑的身体感觉

急性焦虑或恐惧的身体感觉包括：

- 心跳加快，您可能会感到胸口剧烈跳动，非常难受。
- 呼吸急促，就像刚做完剧烈运动一样。您可能会感到呼吸困难。
- 大汗淋漓，就像刚在烈日下进行了体力劳动一样。
- 肌肉紧张加剧，感觉肌肉像盘绕在一起一样无法放松。你可能觉得需要通过运动来释放身体的肌肉紧张。
- 胸闷，就像有人把重物压在胸口。当一个人第一次经历急性焦虑发作或恐慌发作时，胸闷会非常痛苦，以至于他们常常误以为这是心脏病发作。这个人通常会去看家庭医生或去医院的急诊科检查心脏。
- 喉咙里有个肿块，让人感觉无法呼吸。这种感觉是喉咙周围肌肉收缩造成的。无法呼吸的感觉非常可怕，患者可能会认为自己快要窒息而死了。我经常要安慰患者，告诉他们不会因为窒息而死，除非真的有人掐住他们的脖子。
- 头晕，仿佛要晕倒。
- 手部或嘴部周围有针刺感。有时，患者会感到四肢刺痛。
- 一种无法摆脱的厄运和阴霾感，仿佛灾难即将来临。这种沉重的感觉往往与患者所处的实际情况不符。
- 无法控制的快速思维，让人难以集中注意力。

上述症状都是体内肾上腺素和去甲肾上腺素过多，以及呼吸频率加快导致血液循环化学性质改变的结果。在极度焦虑或恐惧时，重要的是不要对身体的反应过度。如果您出现这些症状，重要的是认识到这些信号表明您正在经历严重的焦虑发作或极度恐惧。您可能想暂停一下，让自己处于一个舒适的位置或环境中，但除非现场情况过于糟糕，加剧了您的症状，否则无需惊慌或逃避。如果情况允许暂停，您可以选择停止正在做的事情，找一个安静的地方坐下，为下一步做好准备。

2.正确地标记恐惧和焦虑的情绪，不要妄加评论

管理急性焦虑或恐惧的下一步是用"感觉"一词来描述身体感觉的集合。不要试图解释这种感觉是如何被触发的，或者你是否应该以某种方式去感受。简单，准确，简洁的陈述（如以下内容）就足够了。用轻柔的声音大声说出自己的感受也会有所帮助。例如，试着大声说：

"我感到焦虑。"

"这是一种焦虑的感觉。"

"我正在经历焦虑发作。"

"我感到恐慌。"

3.暂停

"暂停"有两个步骤，我们将在下文进一步说明。首先，不要与焦虑发生冲突——避免对你所感受到的进行任何辩论或判断。其次，将注意力转向内心，想象一些画面，鼓励自己等待急性焦虑消退。我称之为"等待，观察和好奇"法。

第一步：避免评判和争论

这是最开始最难做到的部分，因为你的所有想法都在极力坚持认为一切都不对劲。你可能会突然冒出一些想法，比如"我要死了"，"这里发生了可怕的事情"，"我要心脏病发作"等等。但越是纠结于这些想法，身体越处于战斗或逃跑状态，就会分泌出更多的压力荷尔蒙，如肾上腺素和去甲肾上腺素，从而加剧最初的急性焦虑发作。

在我作为儿童，青少年和家庭精神科医生的工作实践中，我治疗过许多患有恐慌症的患者，他们不幸被教导通过辩论焦虑想法的合理性来应对焦虑。这种方法认为焦虑想法会产生焦虑情绪——用非焦虑想法取代焦虑想法应该可以消除焦虑情绪。然而，我的病人告诉我，尽管他们能够从逻辑上判断，辩论并替换焦虑的想法，但他们*并没有感到任何不同*。更糟糕的是，他们中的一些人甚至觉得与自己的想法互动会让他们更加焦虑。有些人甚至说，尽管他们努力纠正无益的想法，但一切都没有改变，他们对自己感到愤怒。

　　我的结论是，当一个人不得不忙于应付已经飞速运转的思维时，就无法达到平静的状态。事实上，我的许多患者都表示，在这种状态下，他们很难控制自己的思维过程。脱离而不是参与，才能让思维放慢速度，并在一段时间后趋于平静，这让我想到了"暂停"方法的第二步。

第二步：等待，观察和猜测

包含动作性但与不同情绪结果相关的心理意象有助于缓解焦虑。请允许我详细解释一下。

　　一个简单的心理意象示例是想象自己在大海上冲浪。你漂浮在蓝色的海浪上，看着海浪把你拉回岸边，并等待着。对于许多经历过严重焦虑的人来说，海浪或海浪冲浪的视觉意象与实际的身体体验相吻合。他们常常形容自己被焦虑的"海浪"击中。在这种心理意象中，人们可以保持好奇，等待和想知道海浪何时结束的中立立场。观察有助于人们保持旁观者的姿态，而猜测则使人偏离灾难的既定结论。战斗-逃跑激素就像一股浪潮袭来。我们需要保持好奇心——它会消失和消散——而不是与之对抗。否则，我们的身体会产生更多的战斗-逃跑激素，导致另一波焦虑，从而引发"滚动焦虑"。这时，我们会因为焦虑而焦虑，并因连续的焦虑而加剧战斗-逃跑激素。最初的一波焦虑很快就会变得难以控制，形成一种自我实现的预言，即情况真的失控了，并导致我们陷入极度恐惧。

　　《圣经》中《马可福音》4:35-39中耶稣平息风暴的叙述，为*等待，观察和猜测*提供了一个非常有力的视觉形象：

> *当那天晚上，耶稣对门徒说："我们渡到那边去吧。"门徒离开众人，耶稣仍在船上，他们就把他一同带去，也有别的船和他同行。忽然起了暴风，波浪打入船内，甚至船要满了水。耶稣在船尾上，枕着枕头睡觉。门徒叫醒了他，说："夫子！我们丧命，你不顾吗？"耶稣醒了，斥责风，向海说："住了吧！静了吧！"风就止住，大大的平静了。*

　　这段关于海浪，动荡，恐惧和焦虑的著名经文，在耶稣的指引下却产生了不同的结果。我的许多基督教患者发现这段经文有助于"*等待，观察和猜测*"练习。它有助于个人减轻急性焦虑发作的预期负面结果。有些人用手机上的圣经应用程序阅读这段经文，让自己沉浸在叙述中。而另一些人则擅长想象，他们把自己想象成船上的门徒之一，被海浪冲得东倒西歪，但满怀好奇地期待耶稣平息海浪。还有一些人则重复耶稣的话："住了吧！静了吧！。"

~

在继续讨论慢性焦虑症之前，让我们先回顾一下急性焦虑症的相关知识。回顾一下，当感到极度恐惧或焦虑时，*保持觉察*的步骤是：

1. 识别急性焦虑的身体感觉。
2. 正确地将其标记为一种情绪，例如"我感到焦虑"。
3. 接受焦虑的感觉，不加争论或评判。
4. 唤起骑乘平稳海浪或耶稣平息风暴的心理或视觉意象。
5. 专注于心理意象，让自己静心等待，观察和猜测。

慢性焦虑症

急性焦虑症如果得不到充分治疗，就会演变为慢性焦虑症。与急性焦虑症不同，慢性焦虑症的症状没有那么强烈。患者通常不会突然感到恐慌，而是持续感到不安和焦虑。由于无法获得内心的平静与安宁，他们常常感到内心躁动。慢性焦虑症患者可能很难充分享受生活。有些人甚至抱怨自己为琐碎小事而烦恼。这些患者中有很多被正确诊断为广泛性焦虑症。他们还没开始新的一天就担心起来。对于这些人来说，除了"观察，等待和猜测"之外，以下两个"保持觉察"练习也会有所帮助。

五感五分钟——一种"保持觉察"练习

在危机过后继续进行*保持觉察*练习是件好事，甚至至关重要。我们越是能够意识到负面和痛苦的情绪，而不对其做出反应，我们的心理健康就会越好。在此基础上，*五感五分钟*练习有助于提高我们对身体感觉的感知能力。这项练习并不是要我们清空大脑。相反，它是一种有意识的专注练习。五感五分钟练习的步骤如下：

1. 选择一个不会过度刺激，情绪中性的地方。可能是您家后院的花园, 安静的公园或附近的海滩。

2. 深呼吸, 闭上眼睛(除非您正在进行视觉感官练习)。
3. 从头顶到脚尖仔细观察自己的身体, 慢慢体会视觉, 听觉, 触觉, 嗅觉和味觉带来的任何感觉。
4. 专注于这种感觉, 不做任何解释和判断。
5. 描述这种感觉, 例如 "这是一片绿叶" (视觉), "我能感觉到阳光温暖着我的皮肤" (触觉), "这是一只鸟在唱歌" (听觉)。
6. 以中立的方式关注每种感官刺激, 注意其对你的感官的影响, 不做任何评判。
7. 当你觉得准备好从第一个刺激转移到另一个刺激时, 慢慢转移你的注意力。

有意识地觉察身体感觉是控制焦虑和情绪的第一步。我建议每天练习5分钟。你可以把它纳入每天的祈祷或读经时间, 在上下班途中练习, 或者把它添加到你的日常习惯清单中, 比如刷牙, 洗澡和泡茶。

五个属性五分钟——一种"保持觉察"练习

通过上述*五种感官　五分钟*练习, 我进一步教导我的基督教患者将练习扩展到有意识地关注上帝的五个属性——爱, 信实, 仁慈, 善良和恩典我称之为"五个属性五分钟"练习。我的许多基督教患者学会了关注并看到爱, 焦虑感随之减轻 在日常生活中体会上帝的爱, 仁慈, 信实,　善良和恩典。要练习五分钟的"五个属性"练习, 请按照以下步骤进行:

1. 选择一个情绪上中立且不太刺激的地方。可以是房子后面的花园, 安静的公园或附近的海滩。
2. 深呼吸, 闭上眼睛(除非你正在做视觉感官练习)。
3. 从头顶到脚尖仔细观察自己的身体, 慢慢体会视觉, 听觉, 触觉, 嗅觉和味觉带来的任何感觉。
4. 专注于这种感觉, 不做任何解释和判断。
5. 描述这种感觉, 例如 "这是一片绿叶" (视觉), "我能感觉到阳光温暖着我的皮肤" (触觉), "这是鸟儿在歌唱" (听觉)。
6. 以中立的方式关注每种感官刺激, 注意其对你的影响, 不做任何评判。

7. 慢慢转移你的注意力, 去思考上帝的属性。感官刺激让你想起了上帝的哪个属性?例如, 阳光照在皮肤上的温暖可能让你想起了祂的爱。看到美丽的花朵或雄伟的树木可能让你想起了祂的仁慈和关怀。

8. 一旦你确定了上帝的属性, 让自己完全沉浸其中, 无论是爱, 信实, 善良, 仁慈还是恩典。

9. 简短祷告结束练习:例如, "天父, 感谢您对我的爱。今天, 请帮助我在一天的工作中体验您的爱。以您儿子的名义祈祷。阿门

10. 在练习这些练习时, 写下您的体验。这将帮助您了解自己在应对焦虑和恐惧方面的进步。

*等待, 观察和猜测, 五感五分钟, 五个属性五分钟*等练习都可以用来减轻我们的日常压力。事实上, 经常做这些练习可以帮助我们预防恐惧或焦虑问题的发生。正如我经常与患者分享的那样, 我们生活在一个充满压力和孤独的世界中, 我们需要知道如何以健康的方式减压。学会觉察是迈向更好心理健康的第一步。

第10章

心灵锚定

焦虑和恐惧的主要主题是不确定性。对于分离焦虑症,我们不确定与安全来源分离后该如何应对;对于社交焦虑症,不确定性则与无法表现出他人可接受的适当社交行为有关。在某些焦虑症中,不确定性与担心身体完整性受损或发生有害事件有关。我们很多人都知道的一个例子是强迫性洗手行为,这是强迫症的一种,与对细菌的恐惧有关。在这种情况下,我们不确定自己的手是否足够干净,担心尽管过度仔细地洗手,手仍可能被细菌污染,从而导致生病。在创伤后应激障碍这种更严重的焦虑症中,每当我们的创伤记忆被触发时,我们真的会担心自己会受到伤害,身体完整性会受到损害。

恐惧和焦虑的生理症状通过战斗-逃跑反应在我们的身体上表现出来,而不确定性的概念则表现为令人担忧的想法。在恐慌发作的情况下,这些想法会迅速变得难以抑制且令人恐惧。例如:

"我要死了!"

"我即将遇到不好的事情。"

"我必须马上离开这里。"

"没有人能帮助我。"

在强迫症的情况下,最常见的强迫行为是反复清洁,检查或数到某个特定的数字。与此同时,所有这些背后的担忧可能是:

"如果我不彻底清洁自己,我会因细菌而生病。"

"如果我不检查所有的电源插座,房子会烧毁。"

"如果我离开这个房间时没有数到十,我的亲人就会发生不幸。"

　　担心是普遍存在的，我敢说我们每个人在某个阶段都经历过。例如，我们中的许多人担心过飞机失事。但尽管有这种担忧，我们仍然可以理智地告诉自己，这种情况很少发生，把担心的念头抛到一边，然后照常乘飞机旅行。然而，当我们完全相信它会发生在我们身上时，恐惧就会产生，出于谨慎，我们不再乘坐飞机。因此，当我们的担忧占据主导，影响我们过上最佳生活时，担忧就会成为心理健康问题。在其他情况下，我们的担忧与为防止负面结果而采取的行动完全无关。这时，我们立即意识到这是心理健康问题。强迫症就属于这一类，例如，为了预防灾难而数到某个特殊数字——我们无法从逻辑上理解或解释这个特殊数字与灾难有什么关系，但我们坚信事实必然如此。

　　显然，这些令人担忧的想法并不代表实际情况，而是肾上腺素激增导致战斗或逃跑反应的结果。不幸的是，对于肾上腺素激增的人来说，这些灾难感觉非常真实。我们大多数人接受生活充满不确定性，并非一切都在我们的掌控之中，但我们中患有焦虑症和恐惧症的人屈服于这种微乎其微的可能性，即我们担心的不良后果*将会*发生。我们感到被困，预感到即将发生的危险和可怕的灾难，我们屈服于恐惧，但恐惧会滋生恐惧。很快，恐惧就会主宰和控制我们的生活。然后，我们就会成为恐惧的奴隶，恐惧成为我们的主人。这就是为什么我们都需要学会管理我们的担忧，无论它们看起来多么微小或微不足道。让我们从学习一些关于"思想"的重要知识开始。

1. 思想就是思想，思想不是现实

关于思想，我们需要了解的第一件事是：思想不是现实。思想本身是我们大脑神经活动的产物。它是一种形而上的东西。思想存在于我们的头脑中，而我们才是主人。然而，它们会影响我们解释经验感，知现实以及对这些经验做出反应的方式。例如，我们大多数人听到"枪声"时都会感到震惊，以为危险即将来临。但危险的感觉来自我们的内心，我们很快就会发现，外面的现实是邻居在放鞭炮。

　　让我们来考虑一下我们很多人都会患上的常见焦虑症，即社交焦虑症。社交焦虑症的主要特征是：

- 患者在社交场合，尤其是与他人互动或可能受到审视或评

判的场合, 会感到焦虑或恐惧

- 此人持续害怕被他人嘲笑, 羞辱或负面评价。
- 此人经常竭尽全力避免引发焦虑的情况。

社交焦虑症的主要原因是害怕被他人批评, 评判或羞辱, 结果导致社交回避。对于我们这些患有社交焦虑症的人来说, 决定参加社交活动时, 情绪上的痛苦是难以忍受的。我们总是担心自己应该穿什么衣服, 如何以及何时说话, 以及应该以何种方式参与对话。我们之所以做这些过度准备, 是因为害怕被评判或羞辱, 即使没有证据表明这种情况会发生。最后, 在经历了数小时的煎熬后, 我们屈服于恐惧, 在周五晚上待在家里, 独自一人看着 "奈飞" (Netflix), 吃了一大桶冰淇淋!

对于社交焦虑症, 我们默认他人对我们有负面看法。对于我的病人, 我会温和地挑战他们:

"你是个读心者吗?" 答案是 "不是"。

"你是上帝吗?" 答案是 "不是"。

"你无所不知吗?" 答案是 "不是"。

"那么, 你怎么知道他们在以某种方式想你呢?你又不是生活在他们脑子里。" 这时, 他们恍然大悟。

克服顽固想法的第一步是接受想法只是想法。想法不是现实!

2. 只有当我们付诸行动时, 想法才会成为现实。

想法是存在于我们脑海中的想法。它们需要我们的行动才能成为现实。换句话说, 现实就是通过我们的行为实现的思考。《创世纪》4:1-8中的描述很好地说明了这一点:

> 有一日, 那人和他妻子夏娃同房, 夏娃就怀孕, 生了该隐(就是"得"的意思)便说:"耶和华使我得了一个男子。"又生了该隐的兄弟亚伯。
>
> 亚伯是牧羊的, 该隐是种地的。有一日, 该隐拿地里的出产为供物献给耶和华;亚伯也将他羊群中头生的和羊的脂油献上。耶和华看中了亚伯和他的供物, 只是看不中该隐和他的供物。该隐就大大地发怒, 变了脸色。
>
> 耶和华对该隐说:"你为什么发怒呢?你为什么变了脸色呢?你

若行得好，岂不蒙悦纳？你若行得不好，罪就伏在门前。它必恋慕你，你却要制伏它。"

该隐与他兄弟亚伯说话，二人正在田间，该隐起来打他兄弟亚伯，把他杀了。

该隐因为上帝接受了亚伯的祭品而没有接受他的祭品而对他怀恨在心。他怀恨在心，并计划杀死亚伯，建议他们离家出走。在那里，他预谋杀害了亚伯。他考虑过，纠结过，计划过，并付诸行动！注意上帝对该隐的警告：

你若行得不好，罪就伏在门前。它必恋慕你，你却要制伏它。

----第7节

当上帝对该隐说话时，谋杀的罪恶还没有成为现实。事实上，如果该隐能够克服自己的想法，选择不去付诸行动，那么他对亚伯的谋杀意图就不会成为现实。

3. 放任念头比阻止念头更容易

你听说过关于念头和粉红大象的教训吗？这个练习探讨了心理意象的概念以及试图抑制某些念头的局限性。如果我们被告知不要去想一只粉红色的大象，我们的头脑会不由自主地浮现出粉红色大象的形象——尽管我们极力抑制它。在提醒自己停止思考粉红色大象的同时，我们的头脑也会强化它的形象，使我们更难以停止思考。这个例子强调了我们思维的力量，并证明仅仅试图通过意志力来控制它们可能会适得其反。让一个想法过去比抑制它更容易。专注于积极，建设性的想法比消极的想法更有益。事实上，专注于消极的想法只会让这些想法更加"活跃"。最终，它们会变得自主，无论我们是否愿意，都会出现在我们的脑海中。

4. 我们不仅仅是思想的集合

当一个人发现自己处于焦虑的境地时，很容易被焦虑和担忧的想法所支配。这些想法会越来越"粘稠"，占据主导地位。最终，它们会成为一种困扰，使人失去真实的自我。这种困扰会不受阻碍地发展，逐渐占据他们生活的更多领域，仿佛人的整个存在都由这种困扰所定义。这时，精神科医生通常会诊断为强迫症。

许多有焦虑症基督徒会患上宗教强迫症。最初的诱因通常是对错误行为或犯罪行为的恐惧。基督徒会因产生这种想法而感到非常内疚，并试图摆脱它。但正如我们已从粉红大象身上了解到的那样，一个人越是试图摆脱某个念头，这个念头就会越挥之不去，让他一直处于战斗或逃跑的超兴奋状态。到这时，这个念头已经变成了一种强迫症——它不再取决于这个人是否在思考它。强迫症现在变得自主且独立于思考者。这被称为反刍。

在这个阶段，羞耻感取代了罪恶感。基督徒向那些可以帮助他的人隐瞒了自己的挣扎。在某些严重的情况下，信徒之间的友谊可能会被切断——羞耻感太强烈了，以至于他们无法调和这种困扰与基督教信仰之间的矛盾。矛盾的是，牧师是基督徒最不想与之交谈的人，因为他们害怕受到谴责。

事实上，我们比我们的想法和所有想法的总和更重要。《诗篇》139:13-18写道：

> 我的肺腑是你所造的，我在母腹中，你已覆庇我。我要称谢你，因我受造奇妙可畏；你的作为奇妙，这是我心深知道的。我在暗中受造，在地的深处被联络，那时，我的形体并不向你隐藏。我未成形的体质，你的眼早已看见了；你所定的日子，我尚未度一日，你都写在你的册上了。上帝啊，你的意念向我何等宝贵，其数何等众多！我若数点，比海沙更多；我睡醒的时候，仍和你同在。

我们不能仅凭想法来定义自己！

通过心灵锚定来处理焦虑的想法

您是否体验过深海垂钓？我钓过很多次，可以说这是一项非常刺激的运动——当你钓到鱼的时候。但当你空手而归时，一切都会变得非常沮丧！想象一下，您正在深海垂钓，发现一处鱼群似乎对您的鱼饵非常感兴趣。你感到非常兴奋，期待着大丰收。但海浪很大，船在漂移，为了保持船身稳定，防止它远离有希望的渔场，你向海床抛下了一根锚。现在你的船固定在一个地方。它不会在水上左右摇晃。

心灵锚定的概念与此完全相同。它是指"将自身与理性思维，圣经真理或积极的过往经验联系在一起，以对抗伴随恐惧和焦虑而来的担忧想法的能力"。

当我们被焦虑或恐惧困扰时，通常会像海浪一样一波接一波，我们需要将某些东西纳入意识，这样我们的思维就不会飘向消极或灾难性的场景。无论我们意识中纳入什么，它都会成为我们关注的焦点，从而超越那些试图分散我们注意力的消极悲观想法。

在"战斗-逃跑"反应的狂潮中，我们可以"抛锚"，将我们的思想固定在理性的想法上，比如过去战胜焦虑和恐惧的成功经历，比如圣经中安抚我们心灵的箴言，比如上帝赐予的和平感，或者自我鼓励的话语。

心灵锚定是一种练习，遗憾的是，基督徒中很少有人教这种练习，但它非常有益，即使对于那些没有恐慌发作或焦虑症的人来说也是如此。我自己经常使用它，因为它是一种有用的压力管理工具，可以促进精神成长。我也把心灵锚定作为一种基督徒冥想的形式来练习，并"将人所有的心意夺回，使他都顺服基督"（哥林多后书10:4-5）。但对于患有急性或慢性焦虑症的人来说，心灵锚定法尤其有效。

急性焦虑症中的心灵锚定

在急性焦虑发作时，我们的身体生理和思维会迅速被战斗-逃跑反应所控制。无论实际环境如何，我们的认知都是危险的。急性焦虑症中的心灵锚定包括以下步骤：

1. 承认身体上的焦虑感，不要妄加评论（参考第9章：保持觉察），并说出你的情绪（例如："我感到焦虑。"）

2. 记录下焦虑的想法，不要过多解释，对自己说："这些是焦虑的想法。"

3. 无论你坐着，站着还是躺着，感受身体各部位与物理表面的接触，例如，你的脚踩在地板上，双腿靠在椅子上，背部靠在床上。对自己说："我正坐在/站着/躺在这里（说出你所在的地方，例如教堂，购物中心，家里），然后继续说："我很安全"或"我很好"。

4. 不要着急，继续进行心灵锚定练习，并重复对自己说这些话，直到身心都慢下来。

5. 用一段圣经经文来巩固你的*心灵锚定*。大声背诵这段经文，让你的精神沉浸于其中。我教我的病人背诵的两段经文是：

你从水中经过，我必与你同在；你趟过江河，水必不漫过你；你从火中行过，必不被烧，火焰也不着在你身上。

----以赛亚书 43:2

我留下平安给你们，我将我的平安赐给你们。我所赐的，不像世人所赐的。你们心里不要忧愁，也不要胆怯。

----约翰福音 14:27

我上面列出的步骤首先从稳定你的身体感觉开始；当你的身体接触地面或椅子时，找到静止和稳固的感觉。这可以抵消恐慌发作时由战斗-逃跑激素引起的晕动病和头晕的感觉。

当身体锚定后，你可以通过*心灵锚定*思维来加强效果，选择一种最能给你带来平静感的方法。我的大多数患者，包括基督徒和非基督徒，都认为《约翰福音》14:27的简短经文非常有用。这段经文讲述了耶稣赐予和平，他们可以刻意想象耶稣伸出手来赐予他们和平。

在《圣经》中，还有许多经文可以用来缓解焦虑或痛苦。只需在圣经应用程序中输入"不要担心"或"不要害怕"等短语，就会弹出许多经文。从你的个性出发，虔诚地挑选一节与你产生共鸣的圣经经文。例如，我的大多数患者都喜欢《以赛亚书》43:2，因为它描绘了逆境的场景，就像焦虑发作一样。其他人则更喜欢语气较温和的诗句，例如《以赛亚书》41:10：

你不要害怕，因为我与你同在；不要惊惶，因为我是你的神。我必坚固你，我必帮助你，我必用我公义的右手扶持你。

～

最后但同样重要的是，*心灵锚定*需要练习。即使焦虑发作已经平息，也要记得继续练习。遗憾的是，我们大多数人一旦缓解了焦虑，就不会再继续练习了。但我经常鼓励我的病人："学习游泳的最佳时机不是溺水的时候！"当我们暂时摆脱焦虑时，很多人会停止进行*心灵锚定*，但随后焦虑会卷土重来，让我们措手不及。我经常拿多年前我当穷医学生时买的那辆旧丰田花冠 (Toyota Corolla)打比方。有一天，散热器过热，我只好把车停在路边让它却。那次事件后，情况有所好转，但散热器还是会偶尔过热。我养成了在车里放一瓶水并定期检查温度的习惯。这样，如果看起来又要发生类似事件，我就能在真正开始之前阻止它。我们的神经系统就像我那不稳定的散热器。有时，即使没有外部危险的迹象，恐惧反应也会出现。

慢性焦虑症中的心灵锚定

患有慢性焦虑症的人往往会有焦虑的想法在脑海中盘旋，就像令人讨厌的牙痛。患者通常将这些想法视为担忧，它们不像恐慌发作时那种强烈的焦虑想法那样令人不知所措。但无休止的担忧仍然会剥夺一个人的自由和生活的乐趣。

慢性焦虑症患者通常会认为自己能力不足或缺乏安全感。

克服慢性焦虑症的心灵锚定练习包括：

* 识别焦虑的身体感觉，不做任何评判（参考第9章：保持觉察）。
* 承认焦虑的想法，说："这是一个焦虑的想法"。
* 将你的思想锚定在过往的成功经历上，例如
  "我以前遇到过这种情况，而且表现不错"或"我以前遇到过这种情况，而且结果很积极"。
* 用《圣经》中的承诺或关于自己的真理来锚定自己的心态。
  请参考以下经文：

我靠着那加给我力量的，凡事都能做。

----腓利比书 4:13

住在至高者隐密处的，必住在全能者的荫下。我要论到耶和华说："他是我的避难所，是我的山寨，是我的神，是我所倚靠的。"

----诗篇91:1-2

因为神赐给我们不是胆怯的心，乃是刚强，仁爱，谨守的心。

----2 提摩太前书 1:7

你可能有自己最喜欢的经文, 这些经文可以用来表达安全感和信心, 用于*心灵锚定*。

- 在你的精神世界中, 想象自己完全沉浸在圣经经文中关于力量与和平的真理中, 完成日常事务, 或者把自己置于至高者庇护的意象中(诗篇 91:1& 2)。
- 当你进行日常活动时, 要有意识地关注自己的想法和自言自语。如果出现一丝焦虑的想法或焦虑的自言自语, 不要与之争论, 也不要以任何形式与之接触。相反, 要轻轻地回忆一下你今天早些时候专注的心灵锚定语句, 意象, 圣经真理或承诺。
- 睡前再做一次心灵锚定练习, 结束一天的生活。注意一天中任何焦虑问题得到解决的时刻。沉浸在这种成功的感觉中。向上帝表达你的感激之情。祝贺自己!记住这次成功的事件, 并把它保存起来, 以便在另一天再次心灵*锚定*自己。

～

当你经常练习某件事, 比如锻炼和去健身房, 它就会成为你生活方式的一部分。*心灵锚定*可以增强我们的心理健康, 让我们不易受到压力和焦虑的影响。我强烈推荐它, 以保持你的心理和精神健康。

第11章

静默与认识

前两个练习，*保持觉察*和*心灵锚定*自然地引出了第三个练习：*静默与认识*。回顾一下，*保持觉察*练习有助于识别和接受焦虑情绪，而无需评判和解释，因为这些情绪会让我们陷入混乱。这种混乱会加剧我们的焦虑和恐惧，并加重战斗-逃跑反应。而战斗-逃跑反应会加剧压力荷尔蒙的分泌，提高我们的警惕性，并促使我们采取回避和退缩行为。*心灵锚定*练习进一步帮助人们摆脱消极和焦虑的想法。它使人们摆脱强迫性思维的束缚，防止这些强迫性思维成为自动消极思维，从而摆脱我们意志控制之外的自我运行。*心灵锚定*可以释放我们的思维空间，让我们能够积极有效地应对恐惧和焦虑。

*静默与认识*是一种探索内心深处的旅程，也是一次心灵朝圣之旅。它能够消除我们心中的争斗，将我们带入宁静平和的心灵世界。我治疗过许多长期遭受恐惧和焦虑困扰的基督徒，。他们曾向不同的治疗师寻求咨询，以缓解恐惧和焦虑，但收效甚微。有些人还服用精神类药物，但他们的思维总是混乱而焦躁。他们试图控制自己的思想，正如《哥林多后书》10:5中所述：

> 将各样的计谋，各样拦阻人认识神的那些自高之事，一概攻破了，又将人所有的心意夺回，使他都顺服基督。

但他们的思维经常混乱，无法集中注意力。有人说，他们心中的信仰对他们的生存状态没有影响。另一些人则说，他们脑海中出现了另一种声音，与他们的正确信仰相悖。这些人遭受了严重的创伤，以至于思维陷入高度警觉的状态。他们无法集中注意力，因为他们的思维一直在寻找并不存在的危险和威胁。与其简单地教他们分析自己的想法是否合乎逻辑，或者告诉他们不要去想它（粉红大象法！），我了解到一个更有效的方法是教他们练习*静默与认识*。

"静默与认识"练习

*静默与认识*是一种植根于基督教灵性的练习。对我来说，*静默与认识*就是采取一种充满信任，耐心和顺从的心灵姿态。它是一种停止挣扎和战斗的状态，因此是人们面对危险时倾向于采取的逃避-战斗姿态的完美解药。从生理学角度来看，*静默与认识*可以消除恐惧和焦虑引起的肾上腺过度兴奋和过度警觉。在《圣经》中，有许多章节提到了"*静默*"这一概念。其中包括：

你当默然倚靠耶和华，耐性等候他；不要因那道路通达的和那恶谋成就的心怀不平。

----*诗篇37:7*

耶和华必为你们争战，你们只管静默，不要作声。

----*出埃及记 14:14*

你们要休息，要知道我是神！我必在外邦中被尊崇，在遍地上也被尊崇。

----*诗篇 46:10*

让我们更深入地研究《出埃及记》第14章，以真正理解这种精神状态。

故事开始于雅各的后裔——以色列人，他们在饥荒时期定居埃及。起初，他们受到埃及人的欢迎，但最终却发现自己被新法老奴役和压迫，因为法老害怕他们的人数越来越多。以色列人受到法老的虐待，他们向神呼求解救。最终，神派摩西作为拯救者——摩西是希伯来人，被法老的妹妹收养并在法老的宫廷长大，成为埃及王子。

摩西在燃烧的荆棘丛中亲身与神相遇，他向法老传达神的要求，让祂的子民离开。当法老拒绝时，十灾降临埃及，最终导致最严重，最具毁灭性的灾难，即每个埃及家庭的长子死亡。摩西奉命告诉法老，他必须让以色列人离开，以便他们可以敬拜上帝，因为他们是他长子（出埃及记4:22和23)。在长子死后，法老终于让步，让以色列人离开。但他很快就后悔了。他集结军队和战车，追着以色列人进入旷野，出埃及记第14章的故事就是从这里开始的。

以色列人很快发现自己被困在旷野，法老的军队在身后，红海在前方。以色列人无处可逃，十分恐惧。一想到要被法老的军队屠杀，他们便从恐惧转为愤怒。他们向摩西抱怨道，他们宁愿在埃及做奴隶，也不愿死在旷野(出埃及记14:10-12)。摩西回应道：

不要惧怕，只管站住！看耶和华今天向你们所要施行的救恩。因为，你们今天所看见的埃及人，必永远不再看见了。耶和华必为你们争战，你们只管静默，不要作声，

----出埃及记 14:13-14

耶和华对摩西说：

你为什么向我哀求呢？你吩咐以色列人往前走。你举手向海伸杖，把水分开，以色列人要下海中走干地。我要使埃及人的心刚硬，他们就跟着下去。我要在法老和他的全军，车辆，马兵上得荣耀。我在法老和他的车辆，马兵上得荣耀的时候，埃及人就知道我是耶和华了。

----出埃及记 14:15-18

*静默与认识*的灵性练习包括两部分。第一部分是简单地静心。第二部分是以一种非常个人化和主动的方式与神"*认识*"和互动。"*静默*"并不是被动地放弃自己，听天由命或宿命论。它不是逃避或退缩，也不是脱离现实和周围环境，或沉溺于想象或幻想。它不是"清空头脑"。*保持静默与认识*是对恐惧和焦虑的积极理解，同时也是主动与神交流，坚信神的存在会让一切变得不同。静默有助于我们克服逃避和战斗的激素，摆脱对毁灭的原始恐惧，与我们的上帝建立联系。但不知道静默而认识是没有意义的。无论情况如何，我们都必须学会转向并与我们的主和救主建立联系。

我之所以能够静下心来，是因为我坚信上帝与我之间有着亲密而充满爱的关系，而不是因为某种神秘的新时代精神。《圣经》中有一句脍炙人口的诗句很好地诠释了这一点：

他说:"你们要休息,要知道我是神!我必在外邦中被尊崇,在遍地上也被尊崇。"

----诗篇46:10

盟约关系是认识的基础

让我们更仔细地研究一下认识上帝和这种盟约关系。

在《圣经》旧约中,希伯来语"认识"一词是"雅达"("yada")。这个词比单纯的智力知识具有更深刻,更亲密的含义。在英语中,"认识"一词通常指智力上的理解。例如"我会(理解)德语","我会(理解)烤美味的火鸡"或"我会(理解)天文学"等。有时,当我们谈论对一个人的了解时,我们可能会说"我非常了解他"。换句话说,我们暗示我们对他的了解比大多数人更深入,而且我们的了解不仅限于表面,而是深入到个人层面。但"雅达"("yada")的含义更深。它代表一种深刻的,体验式的知识,包括个人关系和理解。

亚当和夏娃的盟约关系

让我们来看看亚当和夏娃之间的关系,这是典型的"雅达"("yada")关系。亚当和夏娃的关系以深厚的亲密感和深刻的联系为特征。他们之间的联系如此紧密,以至于《创世纪》2:23和24将他们描述为一体:

那人说:"这是我骨中的骨,肉中的肉,可以称她为女人,因为她是从男人身上取出来的。"因此,人要离开父母,与妻子连合,二人成为一体。

后来在《创世纪》第四章1节中写道:

亚当认识了他的妻子夏娃,她怀孕并生下了该隐。(新英王钦定本圣经)

亚当对夏娃的认识不仅仅是肉体和性的关系。这是精神,灵魂和身体的亲密接触。这种亲密接触涉及整个人。

我们与上帝的盟约关系

我们与上帝的"雅达"（"yada"）关系也不仅仅基于理智的理解或神学。这是一种深刻的体验联系。它不仅仅关乎头脑，更关乎心灵。这种关系意味着亲身体验上帝的人格性，并在祂的爱，怜悯，信实，公义与圣洁中体验祂的属性。

旧约

在《旧约》中，许多圣经中耳熟能详的人物都与上帝有着盟约关系。其中包括摩西，他受上帝之命带领以色列人摆脱埃及的奴役，进入应许之地。通过摩西，上帝将十诫赐予以色列人。事实上，摩西与上帝的关系非常亲密，他请求与上帝面对面，亲眼目睹上帝的荣光（出埃及记38:18-23）。

另一个值得一提的人物是亚伯拉罕，他与上帝的关系基于亚伯拉罕之约（创世纪12:1-3）。这种关系的特点是亚伯拉罕信任并相信上帝是信实的，会实现他承诺的一切（希伯来书11:8-12）。亚伯拉罕与上帝的关系非常亲密，以至于后来他被描述为"上帝的朋友"（雅各书2:23）。

大卫王是旧约中另一个以非常亲密的方式与上帝建立了非常亲密的关系。大卫写了许多诗篇，向上帝倾诉心声。他的作品源于他与上帝的亲密关系，他信任并服从上帝。大卫写过最美的诗篇之一是《诗篇》23篇，其中大卫将上帝描绘成温柔，保护，关怀和仁慈的牧羊人。大卫非常了解上帝的心意，这一点甚至写在了《撒母耳记上》13:14中：

> *现在你的王位必不长久。耶和华已经寻着一个合他心意的人，立他作百姓的君，因为你没有遵守耶和华所吩咐你的。*

在这段话中，先知撒母耳对扫罗王说，上帝已经为祂的子民选择了一位新的未来领袖——一个合他心意的人。这个人就是大卫，他后来成为大卫王，以与上帝的深厚关系而闻名。

新约

《耶利米书》31:31-34预言了上帝在建立新约时非凡的承诺：

> *"耶和华说："日子将到，我要与以色列家和犹大家另立*

新约。不像我拉着他们祖宗的手，领他们出埃及地的时
候，与他们所立的约。我虽作他们的丈夫，他们却背了我
的约。这是耶和华说的。"耶和华说："那些日子以后，我与
以色列家所立的约乃是这样：我要将我的律法放在他们
里面，写在他们心上。我要作他们的神，他们要作我的子民。"
他们各人不再教导自己的邻舍和自己的弟兄说：'你该认识耶
和华。' 因为他们从最小的到至大的，都必认识我。我要赦免他
们的罪孽，不再记念他们的罪恶。这是耶和华说的。

多么强有力的承诺！现在我们知道耶稣是新约的实现。这就是为什么他在《路加福音》22:20中说

这杯是用我血所立的新约，是为你们流出来的。

通过耶稣的工作和他在十字架上的牺牲，他使我们能够与上帝建立新的亲密关系（约翰福音14:6，约翰福音1:12）。由于基督在十字架上的赎罪牺牲，我们现在与天父有"雅达"（"yada"）的关系。耶稣基督在《约翰福音》17:21-23中描述了与上帝的亲密关系和联系：

父啊，求你因你所赐给我的荣耀，使他们都合而为一；正如你
父在我里面，我在你里面，使他们也在我们里面，叫世人可以
信你差了我来。你所赐给我的荣耀，我已赐给他们，使他们合
而为一，像我们合而为一。我在他们里面，你在我里面，使他们
完完全全地合而为一，叫世人知道你差了我来，也知道你爱他
们如同爱我一样

我们与上帝的亲密关系是通过与基督的认同而实现的。这就是为什么使徒保罗在《罗马书》8:14-17中宣称：

因为凡被神的灵引导的，都是神的儿子。你们所受的不是奴
仆的心，仍旧害怕；所受的乃是儿子的心，因此我们呼叫："阿
爸，父！"圣灵与我们的心同证我们是神的儿女；既是儿女，便
是后嗣，就是神的后嗣，和基督同作后嗣。如果我们和他一同
受苦，也必和他一同得荣耀。

我们称上帝为"阿爸"（亲密的父亲），就像耶稣称他的父亲为阿爸一样（约翰福音20:17）。

这就是我们与上帝的"雅达"（"yada"）关系。这是基于基督在十字架上所成就的救赎的深厚关系！上帝也希望我们与他建立这种"雅达"（"yada"）关系。对于那些焦虑不安的人，这个美好的应许提醒我们，上帝渴望我们与他建立安全的关系。

静默与认识是迈向属灵境界

基督徒的内心治愈使我们能够从处理躯体体验过渡到处理思维，再到处理精神。这是一个从外在（身体）到内在（思维），再到最内在（心灵）的旅程。培养*静默*和*认识*的心灵锻炼需要时间。将心灵沉浸在圣经叙事中，有助于基督徒采取这静默与认识的属灵姿态。让我们再看一下《出埃及记》第14章第13和14节的记载：

> *摩西对百姓说："不要惧怕，只管站住！看耶和华今天向你们所要施行的救恩。因为，你们今天所看见的埃及人，必永远不再看见了。耶和华必为你们争战，你们只管静默，不要作声。"*

在这种情况下，埃及军队正在紧追以色列人刚刚摆脱了世代的奴役。红海就在他们面前，而军队正从后面快速逼近。请注意，摩西对以色列人的命令正是我们在面对焦虑和恐惧时需要采取的心灵姿态：

1. 不要害怕

尽管我们体内会分泌大量与逃跑和战斗有关的激素，并伴随着各种不适，但我们可以选择不做出反应。做出反应只会加剧压力反应，并延续焦虑和恐惧。我们只需要在理智上承认自己正处于恐惧和焦虑之中，然后选择以圣经真理为锚，保持静止不动，并相信上帝掌控一切（以赛亚书46:9-10）。

2. 坚定立场

在处理了恐惧和焦虑的情绪后，我们现在转向意志。我们被命令要坚定立场，但这是什么意思呢？坚定立场的命令在《圣经》中多次出现。这是信徒在战斗和战争时期被要求采取的立场：

这次你们不要争战，要摆阵站着，看耶和华为你们施行拯救。不要恐惧，也不要惊慌，明日当出去迎敌，因为耶和华与你们同在。

----2 历代志下 20:17

使徒保罗在他的多封书信中经常告诫基督徒要"站稳脚跟"，例如他在《哥林多前书》15:58和16:13，《哥林多后书》1:21和24，《腓立比书》4:1和《歌罗西书》4: 12中都有这样的劝诫。保罗关于这句箴言的最著名演讲见于《以弗所书》6:14：

所以要站稳了，用真理当作带子束腰，用公义当作护心镜遮胸。

在此语境下，"坚定不移"是指在面对心灵上的斗争和挑战时，保持对信仰，信念和正义的坚定。这意味着坚定且毫不动摇地致力于按照上帝的真理和正义生活。正如士兵在战斗中坚定地做好准备，信徒也被要求坚定自己的信仰，坚持上帝的原则，依靠上帝提供的精神盔甲来获得保护和力量。

3.期待拯救

当我们被恐惧和焦虑所困扰时，很难抱有积极的期望。但期待拯救正是我们所需要的。除非我们抱有希望，否则一旦焦虑或恐惧来袭，我们很可能会立即逃离。然而，对于那些长期遭受焦虑和恐惧困扰的人来说，他们曾多次陷入放弃的境地——被动地接受自己无能为力，即使*真的有办法*，也于事无补。几年前，我的一位病人就经历了这样的经历。我将他的名字命名为布雷登·托马斯(化名)。

案例研究

布雷登·托马斯(慢性焦虑症)

布雷登第一次被转介给我时已经28岁了。他从小就患有慢性焦虑症，布雷登记得自己一生中大部分时间都处于焦虑状态。生活中几乎任何情况都会让他感到压力，无论之前经历过多少次类似的情况。他告诉我："不知为什么，我的大脑会告诉我这次不同，这次一定会发生不好的事情。"在转介给我之前，布雷登曾向许多咨询师，精神科医生和心理学家寻求帮助。他接受过认知行为疗法的治疗，但发现这种疗法对他没有帮助。事实上，这种疗法反而给他带来了更多的困扰，加重了他的绝望感，因为即使他识别并纠正了不合理的想法，仍然感到焦虑。

我教布雷登"保持觉察"和"心灵锚定"的步骤，帮助他注意自己的焦虑，不要做出反应，然后锚定给他带来积极情绪的经历，让他在焦虑四起时也能保持坚定。他取得了不错的进展，直到我们到了期待解脱这一步。在焦虑中挣扎了二十多年，尽管看过许多专家，却一次又一次地经历失败，布雷登很难期待解脱。他的治疗陷入了僵局，直到他接受这一步骤需要与他的信仰接触，但无需他主动采取任何行动，僵局才得以打破。就像布雷登一样，很多人发现，当他们无需*做*任何事情就能解决焦虑和恐惧问题时，会感到非常困难。仅仅相信问题会得到解决，似乎太美好而不真实。然后有一天，布雷登以乐观的心情参加了他的疗程。他告诉我，他取得了突破，在与慢性焦虑的斗争中，他终于开始期待上帝的拯救。他到达了这一步，只是简单地问自己："还有什么比相信我能得到上帝的拯救更难相信的事情吗？"他的答案很简单：当他刚成为基督徒时，他得到了罪的宽恕。有了这个答案，布雷登成功地克服了慢性焦虑。

关于积极期望的力量，已经有很多文章，包括关于积极心理学，积极思维的力量以及形而上学信仰的文章，讨论了我们如何通过内在思想来塑造宇宙。至少在生理层面上，我们知道积极期望会诱发多巴胺和内啡肽等神经化学物质的释放，这些物质直接对抗压力荷尔蒙的逃避-战斗效应。对于基督徒来说，积极的期待是信仰的外在表现，这在《希伯来书》第十一章中得到了很好的阐述。

4. 举手

在红海可怕的僵局中，摩西被命令将手举过水面。几年前，我重看了1956年，塞西尔·B·德米尔（Cecil B DeMille）执导的电影《十诫》（The Ten Commandments）中，摩西伸出手的场景。红海海分开，以色列人穿过干涸的海床到达对岸，躲过了埃及军队的追击。但《出埃及记》的记载却截然不同：

摩西向海伸杖，耶和华便用大东风，使海水一夜退去，水便分开，

海就成了干地。以色列人下海中走干地，水在他们左右作了墙垣。

----出埃及记 14:21

摩西似乎在海面上伸了很长一段时间的手，上帝用强劲的东风将海水分开。这与摩西在山上祈祷时，约书亚与亚玛力人作战的描述相似。只要摩西的手一直举着，约书亚的军队就会获胜（出埃及记17:8-13）。

让我们来思考一下举起双手的意义。从属灵的角度来看，人们祈祷时举起双手通常意味着渴望与上帝建立联系并得到他的祝福。但在《出埃及记》的语境中，它也意味着与上帝建立伙伴关系，尽管程度较轻，但能够完成上帝的计划。

简单地说，在焦虑和恐惧中举起手来，意味着我们想听从上帝的旨意，与他保持联系，与他结伴，克服恐惧和焦虑。每当我们这样做时，徒劳无功的努力就会停止。我们不再被恐惧和焦虑所困扰，因为我们与上帝联系在一起。

总之，"*静默与认识*"是一种心灵的锻炼。它是一种基于我们与上帝亲密关系的灵性姿态，超越了知识性和理性的辩论。这是一种安息的姿势，源于对上帝掌控一切并将取得胜利的坚定信念。当我们与上帝紧密相连时，我们就能"认识"他的胜利就是我们的胜利。我们之所以能战胜一切，是因为祂已经战胜了一切。在应对恐惧和焦虑时，"*静默与认识*"让我们从*保持觉察*的技巧（准确评估身体感觉，不判断）和*心灵锚定*（处理我们脑海中的想法）到内心和心灵的安宁。

第12章

同在

*以静默和认知的*精神姿态，是进入神同在的下一阶段心灵练习的前奏。

我们以静默的心灵姿态，期待上帝在我们生命中显现祂自己及其作为。祂的显现就是祂的同在。在你的生命中，你是否曾经有过如此真切地感受到神同在的时刻？很多时候，我都能感觉到上帝的同在，通常是在我参加基督教聚会的时候。这种体验是无法用理智理解的。聚会地点是相同的，演奏熟悉的歌曲的音乐家也是相同的，坐在长椅上的人也是相同的。但在我的内心深处，我感觉到上帝的存在是如此真实，仿佛我进入了另一个维度。

我曾多次体验到上帝的同在使我的灵魂上留下了不可磨灭的印记。我没有刻意去寻求上帝的同在，它就像上帝的造访一样，偶然降临在我身上。我十四岁受洗时，就经历了这样一次体验。和许多华裔亚洲人一样，我出生在一个佛教家庭。因此，受洗是我生命中非常重要的事件，因为它不是家庭传统，而是公开表明我信仰的改变。我接受了浸礼，从水里出来时，没有发生任何特别的事情。但在受洗后的许多天里，我感到上帝的同在笼罩着我。这是一种温暖的感觉，我感到被爱着，被特别对待。我周围的世界是如此美好，我深深地感到幸福。当时我无法用语言来形容这种感觉，但回过头来看，这也许就是犹太教和基督教信仰中最重要的"沙洛姆"（"Shalom"）。"沙洛姆"（"Shalom"）是一种对完整，整体，幸福和和谐的深刻感受。

在我参加专科医师资格考试时，我又一次感受到了上帝的同在。在澳大利亚，医生必须完成至少五年的学习和培训才能成为专科医师。最后要参加一系列考试, 并以面对面的评估作为结束。我刚刚进入最后阶段。通过考试意味着我将被皇家学院录取, 并被认可为精神科顾问医生, 但最后的评估非常困难。通过率很低, 有时只有50%。大多数考生第一次都没有通过, 很多人多次尝试考试失败是很常见的, 最后只能放弃, 成为一名全科医生。

与许多寻求专长的医生一样, 在经历了漫长的本科学习以及多年的专科实习后, 我已经结婚并即将迎来第一个孩子的出生。我承担的风险很大, 于是我向上帝祈祷:"天父, 我已经非常努力, 竭尽所能。我只有一次机会通过考试, 因为如果失败, 我就无法继续坚持下去。我想承担责任, 养家糊口。如果失败, 我就只能成为一名全科医生。父啊, 如今我只能仰赖你了!" 我还动员了我的岳母——一位虔诚的祈祷者——以及她的代祷者为我祈祷, 然后我飞往墨尔本参加期末考试。

评估的前一晚, 我睡不着。我脑海中浮现了无数种考试场景, 最终我服用了安眠药。这让我更加担心, 因为我担心自己会睡过头。那天晚上我只睡了三个小时, 醒来时感到精疲力竭。但一种不寻常的感觉笼罩着我, 仿佛我全身被包裹在一个气泡中。我感到自己被保护着, 不可战胜, 不可侵犯。这种感觉非常特别。我知道这是上帝的眷顾。我通过了三次与真实病人的临床考核, 以及两位教授的一个小时提问。第二天晚上, 我被邀请参加学院的晚宴, 庆祝我的成功, 我为此穿上了最好的西装和领带。通过奖学金考试几周后, 我的女儿出生了。我的生活充满了难以言喻的喜悦。

20世纪50年代, 神经外科医生怀尔德·彭菲尔德(Wilder Penfield)博士通过电探针刺激大脑的不同部位来研究癫痫患者。一天, 他刺激了患者负责记忆形成的颞叶。患者立即"重温"了特定事件, 包括与这些记忆相关的五种感官和情感, 非常生动。我们所有的生活经历似乎都存储在大脑中, 但我们无法轻易访问它们。事实上, 那些经历过濒死的人经常描述他们的一生像电影一样在他们眼前闪过。

这两次感知上帝在我生命中切实存在的经历在我的精神上留下了深刻的印记。每当我进入一种安静和虔诚的状态并回忆起这些事件时, 我的心灵就会回到天父的面前, 就像以前一样新鲜。仿佛有一个属灵门户, 通过它我可以进入上帝的同在。就像怀尔德博士的病人生动地回忆起过去的经历一样, 我相信当我们以静默和祈祷的心灵姿态, 通过回忆，我们就能回到上帝的面前。毕竟，祂是永恒的上帝。

进入神同在的三座桥梁

有三座桥梁可以帮助我走向上帝进祂的同在。让我来与你分享：

1. 你的个人纪念

在《圣经》中，*纪念物*通常是指为纪念重大事件或与上帝的约定而建立的实物，仪式或习俗。它提醒我们上帝的信实，祂奇迹般的干预或祂对承诺的履行。反过来，我们向祂表达感激，敬畏和崇拜。

我们可以在《创世纪》第28章第10-22节中读到雅各一生的*纪念碑*。雅各正逃离想要杀他的哥哥以扫，他走到一个地方，精疲力竭地倒在地上睡着了。他梦见一个从天堂延伸到地球的梯子，天使在梯子上去下来。在梦中，上帝向他说话，重申了与亚伯拉罕的盟约。雅各醒来后，承认上帝是他的上帝。然后他用一块石头立了一个*纪念碑*，并把这个地方命名为伯特利，意为上帝之家。

多年后，在《创世纪》第35章第1-15节中，我们发现雅各正在去见以扫，希望与他言归于好。在旅途中，他回到了伯特利，上帝在那里再次向雅各显现，重申了祂的盟约。雅各又立了一块石碑作为*纪念*，并命名为"伊勒·伯特利"，意为"伯特利的神"。在这两次事件中，雅各都感受到了上帝的同在，但这次他对上帝的信仰变得更加个人化和真实。这就是上帝的影响，每次我们走进入祂的同在，我们的生活都会发生变化，我们对祂也会更加了解。

对于基督徒来说，我们共同的*纪念日*是主的晚餐或圣餐。由耶稣基督亲自创立，第一次圣餐记录在圣经的前三个福音中。耶稣用面包和葡萄酒作为祂身体的象征，为我们的罪而破碎，祂的血为我们的罪而流出（路加福音22:19-20）。圣餐的元素提醒人们祂与所有信徒共同缔结的新约。从根本上说，圣餐是基督徒的*纪念日*。

我认为我分享的两个亲身经历对我来说是一种纪念。它们让我想起上帝的同在以及祂对我的爱和信实。它们不像雅各的经历那样戏剧化，但上帝在我们每个人的生命中以不同的方式工作。你有没有与上帝及其存在非常亲密接触的经历？这是你与祂同在的桥梁。

请记住，*纪念*是上帝在你个人生活中显现的同在的个人和积极的见

证。纪念可以引导你进入上帝的同在,只要遵循以下步骤:

1. 采取*静默*和*认知*的心灵姿态(参考第11章)。
2. 慢慢回忆过去的场景,思考与记忆体验相关的声音,触觉或其他感官刺激。
3. 让您的心灵将完整的记忆带回您的脑海。在填补空白时,慢慢构建*记念*体验的细节。
4. 当你的精神填补了细节后,深入内心。让你的心灵停留在上帝的同在。

2. 你的安全之地

不用费心去想答案,我想请大家思考一个问题:"在福音书中,耶稣一生中最令你印象深刻的是什么?"是他的神迹?他的寓言?他与法利赛人和撒都该人的巧妙对话?

我想知道我们当中有多少人说:"他独自上山"?

关于耶稣上山向天父祈祷的记录有很多。

> *散了众人以后,他就独自上山去祷告。到了晚上,只有他一人在那里。*
>
> ----马太福音 14:23

> *他既辞别了他们,就往山上去祷告。*
>
> ----马可福音6:46

> *那时,耶稣出去,上山祷告,整夜祷告神。*
>
> ----路加福音6:12

> *说了这话以后约有八天,耶稣带着彼得,约翰,雅各上山去祷告。*
>
> ----路加福音9:28

山是耶稣与天父进行亲密交流,寻求指引,力量和心灵更新的僻静之地。在这里,他远离了群众的干扰,对手的骚扰,甚至无需为有需要的人提供无休止的服务。这是他与天父之间的圣地。在这里,他全神贯注,沉浸在上帝的圣光中。有一次,当耶稣与上帝同在时,他的脸变得容光焕发,衣服闪耀着耀眼的光芒。

正祷告的时候，他的面貌就改变了，衣服洁白放光。

----*路加福音9:29*

圣经学者将此事件解释为耶稣的显圣容；他揭开了人性的面纱，揭示了他的神性。我记得《圣经》中还有一个人，他在山上与上帝共度四十昼夜后，脸上也发出了光芒。

摩西在耶和华那里四十昼夜，也不吃饭，也不喝水。耶和华将这约的话，就是十条诫，写在两块版上。摩西手里拿着两块法版下西奈山的时候，不知道自己的面皮因耶和华和他说话就发了光。

----*出埃及记 34:28 & 29*

几年前，我有幸在温哥华摄政学院一位教授的带领下，前往埃及和以色列朝圣，这段经历在我的心灵上留下了不可磨灭的印记。当我们穿越西奈半岛时，我怀着敬畏的心情登上了西奈山。我和另一个朋友凌晨三点起床，骑着骆驼在漆黑的旷野中穿行。唯一的照明来源是星星。我仰望天空，不禁想道："当上帝对亚伯拉罕说他的子孙将像星星一样多时，他是否也有这样的感受？"我仿佛变成了亚伯拉罕，感到浑身一阵灵性触电感。

在山脚下，我们离开了骆驼，徒步登上西奈山。一路上我们遇到了其他"朝圣者"，但每个人都安静地专注于期待。没有闲聊或大声喧哗，我的精神也进入了宁静的状态。我感到一种神圣的期待，期待上帝将向我揭示什么。当我到达山顶时，天色仍然很黑，我选择了一个安静的地方等待日出，沉浸在对神的敬畏和祈祷中。当第一缕阳光穿透黑暗时，沙漠岩石上洒满了金色的光芒。黑暗的天空很快变成了腮红般的红色，我强烈地感受到上帝的同在，仿佛祂的手指在西奈山顶描绘了我所见过的第一个也是唯一的早晨。我满怀感激，感谢祂的临在和荣耀。这是我的*纪念地*，我的*安全之地*，我多次回到这里，讲述着这一生一次的灵性体验。

你有与神相遇的安全之地吗？它不必非常壮观。基督徒通常有最喜欢的地方，在那里祈祷或安静地独处。它可能是家里的一个私人房间，也可能是靠近大自然的地方。无论是亲自回到这些地方，还是通过想象，我们常常会被吸引到神的面前。

《圣经》也是与神相遇的安全之地。《圣经》中有许多段落具有*安全之*

*地*的特征和特点。例如,诗篇23篇和诗篇91篇就是这样的地方。

诗篇23篇是一个*安全之地*,因为那里有照顾祂羊群的好牧人。好牧人还保护羊群免受伤害和危险,保护它们免受敌人的伤害。

"至高者的隐密处"是一个*安全之地*,因为上帝居住于此。在诗篇91篇中,我们读到,在这个地方,我们"远离一切疫病,伤害,灾难,野兽,箭矢和瘟疫"。换句话说,上帝的同在是我们所有人的避难所和堡垒。

进入你的《圣经》安全之地

你可以通过以下练习进入一个《圣经》安全之地:

1. 采取一种静默和认识的心灵姿态(参考第11章)。
2. 朗读你选择的圣经段落,例如诗篇23或诗篇91。
3. 将你的心灵沉浸在所选段落中。在圣灵的帮助下,在你的脑海中看到*安全的地方*。
4. 捕捉你脑海中*安全的地方*的本质。
5. 让你的心灵停留在*安全的地方*,享受上帝的同在。

进入《圣经》中的*安全之地*是通过祂的话语。但它可能缺乏个人历史感,这可能会让我们中的一些人难以轻松地进入。另一方面,充满实际历史经验的*个人安全之地*通常有助于在祂的同在中建立更深的亲密关系。我使用*个人安全之地*的次数比*圣经安全之地*多,但两者都是与神同在的有用工具。

进入你的个人安全之地

(注意:最好有一位你信任的人全程陪伴你完成这项练习。对于某些人来说,这项练习作为治疗的辅助手段会更加有效。)

1. 采取"静默和认识"的心灵姿态。
2. 慢慢回忆与你的*个人安全之地*相关的场景,声音,触觉或其他感官刺激。
3. 慢慢回忆*安全之地*的细节,让灵性将信息带入意识,填补你思维的空白。
4. 当心灵传递了所有细节后,深入内心。让心灵停留在上帝的圣洁之中。

当你准备好了，请上帝让你想起你希望解决的恐惧或焦虑的细节。坚定地保持祂与你同在的平静：

1. 考虑焦虑之前的事件或情况。当你经历恐惧或焦虑时，你在哪儿？当时你在做什么？是什么引起了焦虑或恐惧感？

2. 回顾焦虑发作的经历。你当时有什么身体感觉？焦虑发作或恐惧的严重程度如何？与上次相比，这次是否相同，更严重或有所缓解？

3. 回顾你应对焦虑发作的方式。当时你如何应对焦虑发作或恐惧？有没有什么可以做得不同的？

现在，请耶稣进入与焦虑发作相关的情境或事件。对于导致焦虑发作的事件或情况，他有什么见解可以与你分享？耶稣有没有什么方法可以帮助你应对焦虑发作？你可能会想记录下与耶稣"倾诉"的经历。

拥有一个*安全之地*不仅有助于我们应对焦虑和恐惧，还能促进我们与天父的相处和关系。个人的*安全之地*能滋养我们的心灵，促进我们作为上帝子女的成长。

但还有另一种很好的心灵锻炼，与时刻进入祂的同在有关。它与*纪念日*无关——它植根于个人记忆中的祂的同在和善良——也与*安全之地*无关——它把某个地方与祂的同在联系起来。相反，它邀请一种属灵维度进入我们的日常存在，就像我们进行尘世和看似平凡的活动一样。我称之为*灵性空间*。

3. 你的灵性空间

基督徒相信上帝创造了宇宙（《创世纪》第1章和第2章）。祂还创造了时间和空间。物理空间的概念广为人知，因为我们生活其中并与之互动。我们意识到自己的物理空间，因为我们有身体。我们的身体决定了我们相对于他人的位置。但我们也拥有灵性，通过它我们获得了生命（《创世纪》第2章第7节）。我们既是物质也是灵性，但我们关注*灵性空间*的程度远不及关注物理空间。那么，什么是*灵性空间*呢？

*灵性空间*指的是物质世界之外的维度。它包括与上帝的联系，探索我们与上帝的关系，理解真理以及寻找人生的意义和目的。它可能包括祈祷，冥想，敬拜，音乐，反思和沉思等实践，以增加内心的平静和对上帝

同在的灵性意识。在天堂的这一边, 如果不理解灵性与物质之间的关系, 我们就无法完全理解*灵性空间*。

灵性与肉体相互关联

基于我对人类二元性的信仰(人由身体和灵魂组成), 我相信灵性与肉体是相互关联的。事实上,《圣经》说:"身体没有灵魂是死的"(雅各书2:26)。雅各进一步向基督徒提出挑战, 告诫我们不要在缺乏对物质关怀的真空环境中表达我们的属灵信仰——既包括我们自身的物质需求, 也包括我们周围饥饿寒冷的人们的物质需求(雅各书2:14-17)。《雅各书》在第一章27节中说:

> *在神我们的父面前, 那清洁没有玷污的虔诚, 就是看顾在患难中的孤儿寡妇, 并且保守自己不沾染世俗。*

耶稣还广泛地教导了生活的物质和灵性层面, 强调了两者的相互联系。他的教义涵盖了与道德, 伦理, 救赎和现实本质相关的各种主题。

在物质领域, 耶稣强调同情, 爱和关怀他人, 尤其是边缘化和受压迫的人。他亲自创造了无数奇迹, 例如治愈病人(马太福音14:14), 耶稣曾喂饱饥饿的人(马太福音14:13-21), 甚至让死人复活(约翰福音11:1-44), 彰显了他对疾病和死亡的掌控力。耶稣在加利利迦拿的婚宴上创造的第一个奇迹并非驱除恶魔, 以彰显他对黑暗的属灵力量, 而只是简单的将水变成酒。他改变了液体的物理属性, 而这甚至与他的荣耀有关:

> *这是耶稣所行的头一件神迹, 是在加利利的迦拿行的, 显出他的荣耀来, 他的门徒就信他了。*
>
> *----约翰福音2:11*

灵性通过物质性得以表达

《圣经》中充满了通过物质性来表现灵性的象征。从会幕(后来是圣殿)及其陈设, 到各种宗教仪式, 祭祀和典礼, 以及各种圣餐, 象征意义比比皆是。会幕(《出埃及记》第25章 第31-40节)和圣殿中的金灯台象征着上帝在旧约中的指引和智慧, 并预示了耶稣是世界之光(《约翰福音》第8章 第12节)。陈设饼桌(《出埃及记》第25章 第23-30节)象征着上帝是祂子民的供养，预示着耶稣是生命之粮（《约翰福音》第6章 第35节）。逾越节（《出埃及记》第12章）预示着耶稣是上帝的牺牲羔羊（《约翰福音》第1章 第29节）。

在旧约时代，许多这类属灵活动只在特定的时间和特定的物理空间内进行，这些时间和空间既是集体性的，不是个人性的。例如，只有大祭司才能进入会幕和后来的圣殿中的至圣所，在赎罪日进行年度献祭。

然而，耶稣的工作使基督徒成为他与天父亲密关系的一部分（约翰福音14:20）。现在，信徒与上帝之间通过耶稣基督而紧密相连。通过他，我们可以在信仰中体验上帝的同在，并与耶稣交流。使徒保罗也赞同这一真理，他说我们的身体是圣灵的殿堂（哥林多前书6:19）。如今，我们可以通过个人空间来表达灵性信仰。事实上，我们被鼓励怀着对内心最神圣之地的信心来接近上帝（希伯来书4:16）。

对我来说，*灵性空间*是非常私人的。这是我邀请上帝进入的内心空间，让我与上帝同在。这就像耶稣在《启示录》3:20中的描述：

> *看哪，我站在门外叩门，若有听见我声音就开门的，我要进到他那里去，我与他，他与我，一同坐席。*

我的灵性空间

我想与大家分享我每天如何习惯性地创造一个*灵性空间*，以便在充满上帝的陪伴中开始新的一天。

除非有必要，否则我不会为第二天设置闹钟，这样就不会带着日程安排入睡。我让我的心灵在不受我思维支配的时间唤醒我。

当我醒来时，我会慢慢睁开眼睛，而不是从床上跳起来。我让我的心灵通过身体的感觉或回忆起对上帝的思考来感知上帝的同在。这可能是我学到的属灵真理，上帝的属性，或对积极体验的回忆。我花一点时间沉思。

接下来，我将注意力转向灵性层面，努力捕捉内心的平静，包容和满足。我平静地起床，时刻意识到我的父与我同在。此时，我的环境确实变得更加明亮。我让我的灵性捕捉环境中任何能强化上帝属性或祂植入我心中的真理的元素。例如，后花园里漂亮的紫薇树可能让我想起祂的尊荣。鸟儿打破清晨的宁静，鸣叫着，这是赞美祂威严的旋律。

我进行十五到二十分钟的体育锻炼, 准备早餐, 同时保持对祂同在的精神关注。有时, 我可能会用语言和心灵与上帝对话。然后吃早餐。

之后, 我会洗个适度长的澡, 让自己沉浸在水的舒适中, 放松身心。我的心灵期待着今天是个好日子, 是父亲赐予我享受和遵从他的旨意的一天。

我继续进行当天的活动, 但我会不时回顾父亲在我一起平静地问候时传递给我的真理。

因此, 我们应对焦虑和恐惧的旅程包括:

1. 承认并接受与焦虑和恐惧相关的身体感觉, 不做任何评判。
2. 将我们的现实锚定在对真实自我的认知中, 而非焦虑的思绪里。
3. 保持静默与认识的姿态。
4. 进入神的同在。

你是否有一个*纪念, 安全之地*或*灵性空间*, 以协助你走进上帝的同在?如果没有, 我鼓励你建立一个。父在哪里, 哪里就有治愈, 因为祂的同在带来了治愈。祂是耶和华·拉法。主是我的治愈者。

第13章

思维的更新

为了克服恐惧和焦虑症,获得持久的自由,我们需要与主深入内心,治愈心灵。这需要深入我们性格中潜藏的意识深处。这需要高度的诚实,勇气和毅力。在精神病学中,我们中的许多人认为只有达到预防复发的程度,治疗才算成功。为了实现这一目标,我们需要考虑患者的风险因素以及他们复发的倾向。根据我的经验,在复发方面,最大的风险因素往往是思维模式有缺陷。

例如,追求完美的人更容易患上强迫症,而且除非他们改变对完美的执念,否则很容易复发。大多数人只有在寻求心理治疗时才会改变,因为他们没有更广阔的视野和对如何改变的理解,很难调整自己的思维。同样,要从焦虑和恐惧中实现深层次的内心治愈,我们需要转变思维。当我们与基督徒治疗师一起在圣灵的指引下努力,或者当我们通过接近上帝来寻求祂的帮助,从而实现彻底改变时,我们就能实现这一目标(腓立比书2:13,罗马书12:1-2)。

基督的思维模式

在天堂的这一边,罪并不是唯一阻碍我们成长的东西,它剥夺了我们发挥全部潜能的能力,使我们无法实现上帝赋予我们的全部能力。希伯来书的作者写道:

> 我们既有这许多的见证人,如同云彩围着我们,就当放下各
> 样的重担,脱去容易缠累我们的罪,存心忍耐,奔那摆在我们

前头的路程。

----希伯来书12:1

有些阻碍我们的东西不属于罪的范畴。我认为其中之一是我们的心态。使徒保罗在《以弗所书》4:22-24中写道：

> *就要脱去你们从前行为上的旧人，这旧人是因私欲的迷惑渐渐变坏的；又要将你们的心志改换一新，并且穿上新人，这新人是照着神的形像造的，有真理的仁义和圣洁。*

思维模式可以被定义为一套信念，态度和假设，它们塑造了我们如何看待自己，他人和周围的世界。我们的思维模式为我们提供了诠释与他人的经历和世界的模型或框架。它最终会影响我们与他人和世界的关系，是我们精神的一部分。

使徒保罗鼓励我们以谦卑和爱来对待他人，从而拥有基督的思维模式（腓立比书2:5-8）。他还说，人的灵照亮自己的心，而上帝的灵向我们揭示祂的想法：

> *只有神藉着圣灵向我们显明了，因为圣灵参透万事，就是神深奥的事也参透了。除了在人里头的灵，谁知道人的事？像这样，除了神的灵，也没有人知道神的事？*

----哥林多前书 2:10-11

保罗相信我们能够拥有与基督相同的思维模式。通过圣灵向我们揭示上帝的思想，我们能够按照耶稣基督的价值观，态度和优先事项进行思考和感知。

> *我们所领受的，并不是世上的灵，乃是从神来的灵，叫我们能知道神开恩赐给我们的事。*

----哥林多前书 2:12

> *然而，属血气的人不领会神圣灵的事，反倒以为愚拙，并且不能知道，因为这些事惟有属灵的人才能看透。*

----哥林多前书 2:14

113

真正的基督教灵性关注的是心灵问题,因为我们被鼓励拥有基督的心灵(哥林多前书 2:16)。有了这种心态,我们就能进一步克服焦虑问题和恐惧。

助长焦虑和恐惧的思维模式

我观察到,有三种心态容易导致我们患上焦虑问题和恐惧。它们还会导致我们在痊愈后复发,甚至拖延痊愈。我还发现,这种脆弱性并不受宗教信仰的影响。它遵循"普遍"法则,就像重力一样,对基督徒和非基督徒都有影响。基督徒从楼上摔下来时不会飞起来,

而是掉到地上,如果没有任何东西可以缓冲。这就是为什么我们所有人,无论信仰如何,都必须考虑并意识到这些危险的心态。

完美主义

完美主义者为自己和他人设定了非常高的标准。 您可能会问:"但是,不断改进和追求卓越不是好事吗?"是的,但追求进步和追求完美主义是有区别的。前者有目标和最终目的,而后者永远无法满足。完美主义者没有终点,因为目标总是在不断变化。随着人们不断努力,标准和尺度也不断提高,这种心态通常会导致两种负面后果。第一种是,由于不断努力和难以获得好结果而精疲力竭,完美主义者会在生活的持续压力下屈服。第二种后果是,由于无法达到完美的标准,人们甚至放弃尝试。通常,当人们最不期待的时候,这些压力可能会引发恐慌。然后焦虑症或恐惧就会出现。

完美主义使我们难以操练对神的信心与信靠上帝。它鼓励我们自力更生,促使我们追求在天堂的这一边并不存在的完美。完美主义会让我们无法在恩典中生活,而恩典让我们知道我们所拥有的一切都来自上帝的慷慨。我们可能会变得不那么感恩,这无意中降低了心理健康水平。完美主义者会因为达不到目标而变得非常自我批评,最终他们的慢性焦虑会导致严重的抑郁症。他们通常也会批评那些"不够好"的人。他们的观点最多只会让其他人抓狂,最坏的情况是会导致严重的人际关系问题,因为没有人能达到他们所期望的不合理标准。

作为一名心理医生,我一生中见过许多追求完美的基督徒,其中有一位年轻人尤为突出。他当时11年级,第一次接受我的治疗时还是门萨

（Mensa）的孩子[15]，智商高达140。尽管这位年轻人有着惊人的智力，但他无法按时完成作业和项目，因此被转介给我。他很难开始实际工作，因为他一直在思考如何给出作业或项目中绝对最佳的答案。他显然是个完美主义者，对考试失败非常焦虑，我建议他将高中教育从两年延长到三年。这有助于减轻他的学习压力，并有望避免他因表现不佳而感到的不可避免的失望——无论实际表现如何，他都会感到失望，因为他只会对完美感到满意。压力减轻后，他有了空闲时间，可以定期参加我的心理治疗。我在治疗他的焦虑症时加入了基督教灵性疗法，我鼓励他接受生活中总会有不确定因素，而接受不确定性正是我们获得上帝恩典的途径。两年后，他开始有所好转，能够自信地参加高中考试，焦虑程度大大降低。他又继续看了我两年，直到完全克服了完美主义。

在过往中滞留太久

焦虑和恐惧通常源于不确定性，感知到的威胁或过去的创伤。我们中的许多人因焦虑问题而停留在过去的时光中。造成这种情况的原因有很多，但最常见的是：过去让我们无法继续前进；我们过于认同过去；我们执着于过去的痛苦。

创伤和痛苦是尘世生活的常态。有时，我们因自己的错误选择而给自己带来创伤和痛苦。有时，其他人有意或无意地给我们带来创伤和痛苦。压抑或抑制我们对创伤和痛苦的回应，会对我们的心理和精神生活造成伤害。我们越早学会应对创伤和痛苦，就能越快地继续生活。但有些人会纠结于过去，不愿释怀，而另一些人则会在放手和放弃之间摇摆不定。遗憾的是，活在过去意味着，每当人们回到过去，他们就会不知不觉地再次受到创伤。战斗-逃跑反应再次被激活，久而久之，慢性焦虑症就会发作。战斗-逃跑反应顽固地开启，拒绝关闭，人的生活被剥夺了快乐和自由。最终，他们因心理疲惫而变得抑郁。

过去"滞留"会导致我们在内心疗愈之旅中变得简单化。许多人执着于寻找导致恐惧或焦虑问题的关键事件或"根本原因"。事实上，大多数焦虑和恐惧问题都是由于多种因素共同作用而导致的。这不仅符合我对焦虑症和恐惧症的灵性生物心理社会模型的了解，而且我的个

---

15 要加入门萨（Mensa），一个为高天赋青年和成年人服务的社会组织，候选人必须在标准化智商测试中达到或超过第98百分位。

人和职业经验也告诉我，我们的行为并非发生在真空中。我们如何应对问题会影响我们的环境，甚至影响其他人的行为。我们对雅各恐惧症的研究证明了这一点。

沉溺于过去不仅会带来更多的痛苦，还会改变我们积极的自我认同。很快，我们就以焦虑问题和恐惧来定义自己，正如我在患者身上看到的那样，他们以"我是精神分裂症患者"或"我是双相情感障碍患者"来介绍自己。当我们不断说"我是蒙恩得救的罪人"，而不是"我是上帝心爱的孩子"时，基督徒也会反映出这种糟糕的自我认同。专注于痛苦不仅会加剧痛苦，还会让我们无法发挥真正的潜力。最重要的是，这会抹杀上帝的主权。我们需要学会"忘记以前的事，不纠缠于过去"（以赛亚书43:18），这样我们才能迈向上帝为我们设计的更美好的未来：

> *我不是以为自己已经得着了，我只有一件事，就是忘记背后，努力面前的，向着标竿直跑，要得神在基督耶稣里从上面召我来得的奖赏。*

> ----*腓立比书3:13-14*

摆脱焦虑和恐惧，就是要走出过去的牢笼，朝着我们的真正潜能迈进。这就是更新的思维。

高度关注未来

还记得1985年上映的迈克尔·J·福克斯主演的《回到未来》吗？尽管这部电影已经上映多年，但它仍然是广为人知的经典之作，我们中的一些年轻一代可能已经在奈飞（Netflix）上看过这部电影。这部电影不仅娱乐性十足，而且蕴含着深刻的哲学意义。它探讨了时间旅行的概念，并将它与命运与自由意志之间的紧张关系联系在一起。主角马蒂·麦克弗莱（Marty McFly）穿越时空，回到20世纪50年代，然后又来到20世纪80年代，希望改变过去发生的某些事件，从而改善自己的未来。最终，他发现命运的某些方面是不可改变的。这部电影告诉我们，我们有能力为未来做出选择，但改变历史进程的能力是有限的。

我们中的大多数人都有过时间旅行的幻想。这似乎是一种普遍现象，也是许多科幻电影中的常见主题。从精神层面来看，我认为这也是一种想成为上帝的错觉。就像马蒂一样，我们想知道未来，以便控制未来。

我们幻想自己无所不知, 这就像伊甸园中蛇告诉夏娃人类可以"像上帝一样"(《创世纪》第3章 第5节)的场景再现。当我们过分关注未来时, 就会忽略当下。我们不再需要与上帝和他人建立联系, 变得焦虑不安。一味活在未来, 意味着我们不再与上帝同在当下。但耶稣告诫我们: "不要为明天忧虑, 因为明天自有明天的忧虑。一天的难处一天当就够了。"(马太福音6:34)

对未来感到不确定会滋生忧虑, 而忧虑又会引发焦虑和恐惧。研究表明, 我们大约85%的忧虑不会成为现实。它们只存在于我们的脑海中, 但即使在那里, 它们也会损害我们的心理健康。主祷文(马太福音6:9-13)为我们提供了消除忧虑的方法:

1. 以敬拜的态度与天父建立联系, 开始新的一天: "我们在天上的父, 愿人都尊你的名为圣"(第9节)。
2. 将你的生活导向天父的国度: "愿你的国降临, 愿你的旨意行在地上, 如同行在天上"(第10节)。
3. 请相信我们的天父会照顾我们日常的身体需求: "求你今天赏给我们日用的饮食。"(第11节)
4. 请相信祂对我们的恩典: "免我们的债, 如同我们免了人的债。"(第12节)
5. 请相信祂会照顾我们的精神需求: "不叫我们遇见试探, 救我们脱离凶恶。"(第13节)

在寻求摆脱焦虑问题和恐惧的过程中, 请使用主的祷文来改变你的思维。当你进入你的安全之地(参考第12章)时, 默想, 背诵这段祷文, 并在脑海中清晰地看到祷文中各点的现实意义, 直到你的心灵得到鼓舞。当你处于你的灵性空间时, 请使用主祷文中的保证(参考第12章)在日常生活中。在忙碌的日常工作中, 不时回顾关键点。

更新思维模式的灵修计划

心理学研究表明, 养成新的习惯或改变根深蒂固的行为模式通常需要持续数周至数月的时间进行练习和强化。然而, 改变潜在的心态可能需要持续反思, 自我认知和长期的治疗干预。

重要的是, 要耐心对待改变的过程, 保持自我同情心, 并愿意在需要时向值得信赖的人或专业人士寻求帮助。虽然改变不会在一夜之间发生，但只要我们付出努力，坚持不懈，并致力于个人成长和发展，改变还是有可能实现的。我们需要一个包含基督教灵性的计划，以实现心态的真正转变。下面我提供一个我使用过且效果很好的计划：

我以《腓立比书》4:4-9作为转变心态的基本蓝图，以摆脱焦虑和恐惧：

你们要靠主常常喜乐！我再说，你们要喜乐！当叫众人知道你们谦让的心。主已经近了。应当一无挂虑，只要凡事藉着祷告，祈求和感谢，将你们所要的告诉神。神所赐出人意外的平安，必在基督耶稣里保守你们的心怀意念。弟兄们，我还有未尽的话：凡是真实的，可敬的，公义的，清洁的，可爱的，有美名的，若有什么德行，若有什么称赞，这些事你们都要思念。你们在我身上所学习的，所领受的，所听见的，所看见的，这些事你们都要去行。赐平安的神就必与你们同在。

做出一个激进的决定去喜乐

思维的更新始于一个喜乐的决定。我定义喜乐为内在满足的外在显现，反映一种感恩的感觉和对生命祝福的感激。这是一种主动选择的生命状态——满足于当下境遇，将艰难全然交托于神；深知我们终被祂慈爱的怀抱所托住，并深信无论遭遇何事，祂的至高计划必全然成就。

满足感使我们得以卸下劳愁，止息劳苦奔波。这与快乐不同——快乐是因生活中真实或主观感受的积极体验而触发的情绪波动。在我们与恐惧和焦虑的斗争中，我们必须做出一个激进的决定，去触及内心的满足感。满足感将我们与"沙洛姆"（"Shalom"）紧密相连——那种深刻的，内在的平安，源自于知道自己被神所拥抱的事实。

提醒自己不要焦虑

在生活中，熟能生巧。选择坚持任何计划都是个艰难的决定。这是我们的意志力。当我们的焦虑和恐惧成为常态时，就很难坚持下去。屈服于焦虑和恐惧，任其发展，要容易得多。事实上，我的许多病人——基督徒和非基督徒——都告诉我："医生，对抗很难。太累了！我通常都会放弃。"

然而, 如果我们选择顽强地坚持一个计划, 我们就能慢慢克服焦虑。希望当您读到这一章时, 您已经练习了以下技能: 意识到自己的焦虑情绪, 但不对它们做出反应; 将注意力集中在积极的话语或个人经历上 (或有助于平静和安宁的圣经经文上); 保持精神上的宁静, 认识上帝; 积极地进入上帝的同在。这些技能中的任何一项, 或结合在一起, 再加上练习, 都将帮助您减少焦虑。

将恐惧和焦虑交托给上帝

我们可以"靠着祷告, 祈求和感谢"将恐惧和焦虑交托给上帝(腓立比书4:6)。对我来说, 祷告是一种与上帝沟通的个人方式, 包括感恩, 赞美, 敬拜, 忏悔和请求。祈求是更具体的沟通方式, 侧重于干预, 协助, 指导或祝福。

在更新思维模式的旅途中, 我们需要不断与上帝交流。祈祷不是单向地向上帝提出我们的愿望或需求, 而是双向的沟通。如果我们把雅各与上帝搏斗的故事(创世纪32:22-32)看作是祈祷的象征, 那么我们就能很好地理解祈祷的含义。这是与上帝的一次个人, 改变人生的相遇, 通过这次相遇, 我们"听到了"上帝的声音, 它发生在我们的*安全之地*或*灵性空间*(参考第12章)。

我们的祈祷需要以感恩告终, 因为与上帝的真正相遇会改变我们的生活, 使之变得更好。在治愈恐惧和焦虑方面, 我们需要相信这是已经完成的事情。就像雅各一样, 我们需要认识到我们与上帝的相遇, 并在每次经历后认识到我们的思想如何进一步转变。我们还需要记录下来, 以便将来回忆。我们可能不会树立石柱作为*纪念物*, 但我们可以记录与上帝的相遇。我总是鼓励我的病人写"治愈日记", 以便他们意识到自己取得了多大的进步。

培养健康的思维模式

如果我们想要更新自己的思维, 不仅需要消除焦虑和恐惧等无益的想法和信念, 还需要添加积极向上的"食物", 例如真实, 高尚, 正确, 纯洁, 可爱, 值得钦佩, 卓越或值得称赞的事物(腓立比书4:8)。我把这称为健康的思维饮食。健康的思维是经过更新的思维, 而更新的思维不再是焦虑和恐惧的温床。

　　如果我们想要拥有更新的思维，就需要找出鼓励我们不要恐惧或焦虑的圣经经文，并每天默想这些经文。其中一些经文包括《以赛亚书》第43章 第1节，第41章 第10节，第41章第13-14节；《约翰一书》第4章第18节；《马太福音》第6章 第28节，第6章 第31节；《路加福音》第12章第22节。这些只是我最喜欢的经文，但你可能有自己的个人收藏。

　　你可以将这些经文纳入《静默与认识》和《同在》练习中。

实践与实践

使徒保罗告诫他的读者要将他所教导的付诸实践（腓立比书4:9），我也会这样做。真理只有在实践中才能变得鲜活。在本书的开头，我提到改变我们的思维方式——即我们的内在工作模式——需要时间。无论我们处于什么年龄，我们都有一段时期，我们的内在工作模式引导我们感到恐惧和焦虑，并做出相应的行为。雅各花了20年的时间才克服恐惧（创世纪27-33），虽然我并不是说我们都需要这么长时间，但我想鼓励大家，治愈过程可能比预期的要长。我们只需要坚持下去。

　　胜利是许多小成功的累积，直到我们达到某个临界点，发现自己在新的轨道上。这时，我们才能真正得到上帝的平安（腓立比书4:9）。当我们到达那一刻，我们到达了安息日。我们不再被争斗所激励，而是被休息所激励，我们迎来了深深的"沙洛姆"（"Shalom"：一种对完整，整体，幸福和和谐的深刻感受）。我们体验到了真正的满足，我们的精神富足，灵魂繁荣。这时我们才意识到，我们的父是一位救赎之神，在他的国度里，没有什么是被浪费的。无论蝗虫吃了什么，祂都会加倍地还给我们（约珥书2:25）。

第14章

凝视天父的脸

在我们所面对的恐惧和焦虑问题的表面之下，很快我们将面临与我们的内在需求相关的核心问题。这些内在需求有助于表达我们的人性，其中最主要的是对安全和意义的追求。父母关心子女的幸福，通常会通过保护，提供和满足子女的身体，情感，心理和社会需求来满足这些需求。由于忽视和虐待等环境因素，或疾病，悲剧，分离和战争等父母无法控制的外部环境因素，导致无法满足孩子的需求。

对安全感和意义感的渴望得不到满足，往往会导致各种焦虑症和恐惧症。当我们向心理医生咨询时，问题可能不会因为开药或各种心理疗法而完全缓解，这些疗法有助于修复我们破碎的情感和不良行为。只有直面我们内心未满足的需求，我们才能完全康复。

看到母亲的脸

作为一名实习精神科医生，我学习过许多不同的心理疗法流派。其中，自我心理学流派与我的经历十分契合。自我心理学是海因茨·科胡特（Heinz Kohut）在20世纪中期发展起来的一种心理分析方法[16]。

自我心理学认为，婴儿时期，我们缺乏一种凝聚力的自我意识。通过与母亲（母亲通过面部表情表达自己的情绪）的互动，我们开始形成一种更完整，更连贯的自我意识。如果母亲能够准确地反映我们的情绪，就会肯定和认可我们，从而培养我们的安全感与稳定感。例如，在语言能

---

16 科胡特，H.（1971）。《自我分析：对自恋型人格障碍进行心理分析治疗的系统方法》。国际大学出版社。

力尚未发育的婴儿时期，我们通过哭泣或其他痛苦的行为来表达需求。我们的母亲通过情绪来"感知"我们的情绪，然后通过面部表情和安抚的话语做出相应的回应，积极地给予我们安慰和抚育。当我们"读懂"母亲脸上的关爱情绪并得到她的安慰时，我们就会从痛苦中解脱出来。我们的需求得到满足，我们感到被理解。婴儿和母亲之间的这种互动所产生的积极结果，让我们更加确信自己的情感是合理的，我们是有价值的，我们受到积极且无条件的爱。这有助于建立自我价值感。但如果母亲忽视我们，或者以消极或不恰当的方式回应我们，我们会感到自己不被重视，最终我们长大后自我价值感会很低或很差。

通过母亲的镜像和无条件的爱，婴儿对她产生了深厚的依恋。他们对母亲有一种"喜欢"的感觉，并希望像她一样。事实上，对于我们这些从母亲那里得到积极和无条件爱的人，她往往是我们的初恋"对象"。母亲在塑造我们的身份时给予我们启发和指导，赋予我们意义，我们成年后遇到困难时仍然向母亲寻求帮助和安慰，这并不罕见。母亲在我们的心中占据着特殊的位置。

在世俗的分析心理治疗中，患者向我们倾诉他们的困难，问题和担忧。然后，我们用同理心准确地与患者的情绪状态和痛苦感保持一致。我们不做任何评判，不持批评态度，对患者抱有积极的态度。从这个意义上说，我们扮演着母亲的角色，向患者反映他们潜意识中的想法。通过这种方式，我们帮助患者"修复"受损的自我意识。然而，我的经验是，许多患者的心中仍然留有空洞。虽然从理智上理解我们的焦虑问题和恐惧是父母养育不当的结果，而且治疗师又给予我们温暖，同情和接纳，但仍然无法填补我们内心的空虚。我认为真正的问题在于，治疗师可以无条件地接纳我们的患者，但我们却无法像父母那样无条件地爱他们。

看到父亲的脸

自弗洛伊德(Sigmund Freud)——精神分析学之父——提出精神分析理论以来，精神科医生和分析师们就一直在深入研究母婴关系。在大多数文化中，甚至可以说在所有的文化中，自古以来母亲就是主要的照顾者。然而，这并不是说父亲在婴儿的生活中不扮演任何角色。我们每个人都有亲密关系的等级，在以核心家庭为主的现代工业化社会中，父亲与母亲同样重要。因为父亲在婴儿的正常和健康发展中也起着非常重要的作用, 所以父婴关系也有助于孩子的自我价值得到认可, 肯定和建立, 以及综合而连贯的自我意识的发展。

遗憾的是, 我们中的许多人一生都缺少父亲的陪伴。考虑到上个世纪发生了两次世界大战, 这种情况尤为普遍。仅第二次世界大战(1939年至1945年)就是人类历史上最致命的冲突之一, 这场战争在全球范围内造成了巨大的人类苦难, 夺去了7000万至8500万人的生命, 其中许多是男性。在幸存者中, 无论是军人还是平民, 都遭受着创伤后应激障碍的困扰, 影响了他们的育儿方式。父母教养不当的孩子会把不良的教养方式内化, 从而形成恶性循环, 即心理不健全的父亲养育子女, 而子女又养育下一代。如果我们考虑到许多国家在上个世纪都经历了内战, 那么这一代"孩子"的父母教养不周的情况确实非常普遍。全球化进一步导致了"缺席父亲"现象, 因为许多父亲不得不花大量时间在国外谋生。这些经历导致的结果是, 当我们看着父亲的脸时, 我们中的许多人没有得到足够的认可和肯定。这让我们感到内心空虚。我们可能会试图用追求权力, 声望和财富来填补内心的空虚, 但这些都无法用"你很有价值", "我为你感到骄傲"和"我爱你"这样的语言来表达。

注视耶稣的脸

在我担任心理治疗师的这些年里, 我发现了一个事实: 我们的意义感, 自我价值和拥有的合法性是由父母在我们成长时期赋予和培养的。当我们没有这种认知, 或者认知被扭曲时, 就很难弥补。我们的成就无法填补这种缺失, 但有些人可能会从重要的他人那里得到治愈, 比如慈爱善良的家长式人物或生活伴侣。当我们被真正爱我们的人所爱和重视时, 我们的人性得到了最好的体现, 而这个人爱我们, 是因为我们是谁, 而不是我们做了什么。

难怪《圣经》鼓励我们仰望上帝。在《诗篇》中, 大卫王写道:"你说:'你们当寻求我的面。'那时我心向你说:'耶和华啊, 你的面我正要寻求'(诗篇27:8), "求你用你的脸光照仆人, 凭你的慈爱拯救我。"(诗篇31:16)。

然而, 耶稣才是我们最好的榜样, 他来主要是为了向我们展示上帝的面容, 以及作为我们的"阿爸"(亲密的父亲)注视他的面容意味着什么。

富有的青年官长寓言

让我们来思考一下《马可福音》中记载的一个圣经故事[17]：

> 耶稣出来行路的时候，有一个人跑来，跪在他面前，问他说："良善的夫子，我当作什么事才可以承受永生？"耶稣对他说："你为什么称我是良善的？除了神一位之外，再没有良善的。诚命你是晓得的：不可杀人，不可奸淫，不可偷盗，不可作假见证，不可亏负人，当孝敬父母。"他对耶稣说："夫子，这一切我从小都遵守了。"耶稣看着他，就爱他，对他说："你还缺少一件：去变卖你所有的分给穷人，就必有财宝在天上，你还要来跟从我。"他听见这话，脸上就变了色，忧忧愁愁地走了，因为他的产业很多。
>
> ----马可福音10:17-22

这个"富有的青年官长的故事"向我们介绍了一个有权有势，财富惊人的人。在当今社会，他可能被视为全球精英——人口中0.1%的顶级精英。这个富可敌国的男人是一个守法公民，从小就遵守上帝的诚命。但他的生活中缺少了一些东西。与同时代的法利赛人和律师不同，他深深意识到自己缺少了什么，怀着深深的敬意来到耶稣面前，询问如何才能获得永生。他知道永生无法用钱买到，而是一种恩赐。

让我们想象一下，两千年前，我们就在那里。更好的是，让我们想象一下，我们就是那个富有的青年官长，沉浸在耶稣与这个人的交流中：

我们读到"耶稣看着这个年轻人，就爱他"（第21节）。两人之间有一种联系，当他看着耶稣的脸时，他感受到了这种爱——一种包含着同情但又超越同情的情感。耶稣看着这个年轻人，与他内心，内心空虚以及填补空虚的真诚愿望产生了共鸣。他回应了年轻人的请求，让他卖掉所有东西，分给穷人，然后追随他。

与某些解释相反，我不认为那一刻，耶稣本想羞辱这个人或揭露他的弱点。不，耶稣确实爱他，所以他建议这个人用更好的方式来投资他的财富。投资于天上的宝库，那里没有"虫蛀和毁坏，也没有贼来偷窃"（马太福音6:19）。耶稣还邀请这个年轻人跟随他，他希望这个年轻人像门徒一样与他一起生活。耶稣看到了这个年轻人的潜力，就像他看到我们每个人身上都有巨大的潜力一样。他非常爱这个人，希望他能继承永生，

---

17 这个故事也记录在《马太福音》19:16-26和《路加福音》18:18-27中

也就是与天父和耶稣本人建立深厚而亲密的关系：

> *认识你—独一的真神，并且认识你所差来的耶稣基督，这就*
> *是永生。*

----*约翰福音17:3*

这位年轻富有的统治者如果选择与耶稣同在，他本可以继承一切。他本可以发挥自己的潜能，但我猜想，这位年轻富有的统治者与许多富人一样，对失去财富感到焦虑和恐惧。这就是生活的矛盾！我们为贫穷而烦恼，为富有而烦恼。

然而，爱是如此强大，当我们得到爱，当我们选择接受爱时，它就会激发我们身上最好，最优秀的一面。

当我们注视耶稣的脸时，我们不禁看到他对我们的爱。这就像我们注视着阿爸父的脸。耶稣实质上是被派来带我们到父面前的。

> *耶稣说："我就是道路，真理，生命；若不藉着我，没有人能到父*
> *那里去。你们若认识我，也就认识我的父。从今以后，你们认识*
> *他，并且已经看见他。"*

----*约翰福音14:6-7*

归根结底，我们必须通过向我们的阿爸父求助并注视他的脸庞，来应对我们内心对安全感和意义，自我价值以及拥有的合法感等未得到满足或扭曲的需求。作为一名治疗师，当我的基督教患者达到解决内心需求阶段时，我将阿爸父引入我们共有的治疗空间。我努力向患者传达阿爸父的爱，认可和肯定。我成为患者和阿爸父之间的里程标，目的是让他们在阿爸父那里找到自己完整而连贯的自我意识。毕竟，阿爸父发明了亲子关系，因为祂是第一个原型父母（玛拉基书2:10，以弗所书4:6和使徒行传17:28-29）。

凝视上帝的脸

在希伯来传统中，与上帝面对面是极具精神意义的时刻，包括体验上帝的存在，恩宠，亲密关系和启示。它表明与神灵的深刻相遇，这种相遇不可避免地会塑造一个人的属灵之旅，以及对上帝的本质和目的的理解。上帝与摩西面对面交谈（出埃及记33:11），摩西请求见上帝的面

125

（出埃及记33:20-23）。主还指示亚伦和他的儿子们用亚伦祝福来祝福以色列的孩子们：

> *愿耶和华赐福给你，保护你。愿耶和华使他的脸光照你，赐恩给你。愿耶和华向你仰脸，赐你平安。*
>
> *----民数记6:24-26*

　　我认为我们对于基督教灵性的这一方面强调得还不够，基督教教义中也很少探讨这一点。如果注视父母的脸对于人类发展和自我认知至关重要，那么作为上帝的子民，注视阿爸父的脸又何尝不是更有价值呢？

　　几年前，我和妻子有幸访问了俄罗斯的圣彼得堡。在旅行期间，我们参观了著名的冬宫博物馆。我期待着欣赏荷兰画家伦勃朗·凡·莱因（Rembrandt van Rijin）的画作《浪子回头》。这幅画描绘了圣经中浪子挥霍家产，放荡不羁，最终回到父亲身边的寓言故事。画中，父亲温柔地拥抱儿子，而儿子则跪在父亲面前悔改和谦卑。这幅作品捕捉了宽恕，和解和无条件之爱的瞬间，传达了救赎，仁慈和恩典的变革力量的主题。我花了大量时间凝视这幅画，试图让自己沉浸其中。我惊讶于天父的宽宏大量。事实上，多年前当我第一次回到祂身边时，祂就是这个样子。我从儿子的角度欣赏这幅画。现在回想起来，我在想是否有一天有人会创作出一幅与之相匹配的作品，这次是从父亲的角度，他看着儿子的脸，充满无条件的爱，肯定和认可，说："你确实是我的儿子！"

浪子回头的寓言

浪子回头的故事是耶稣非常著名的寓言。这是一个关于一位慷慨的父亲和他的两个儿子的故事。这个寓言传达了一个关于救赎的奇妙信息，但我认为它也蕴含着关于我们内心对安全和意义感的渴望的真理。浪子回头的寓言让我们对心理健康有了很多认识。

　　这个故事在《路加福音》15:11-32中讲述。故事开始于一个富人的小儿子要求分得父亲遗产中的一半。我们不知道他提出这个要求的原因，但也许作为次子，他觉得自己微不足道。他的哥哥拥有长子继承权，将继承父亲遗产的两倍，并将在家庭中担任领导职位。于是他提出了要求，父亲也如数给了他应得的遗产。

　　小儿子隐姓埋名前往一个遥远的国度，打算靠自己闯出一番天地。

126

他想摆脱小儿子这个身份，建立自己的身份。有了父亲给他的财富，他本可以找到意义感——的确，财富和权力地位往往让我们在世人眼中变得举足轻重。但这个年轻人愚蠢地挥霍着财富，很快发现自己身无分文，只能从事最低贱的工作——喂猪。他的重要性达到了一生最低点。没有人愿意认识他。他的心情和他的社会地位一样低落。他跌到了谷底。此时，年轻人意识到，即使成为他富足，仁慈，公正的父亲的仆人，也比现在好。他感到羞愧，决定没有其他选择，只能回家。他的心很沉重，因为觉得自己不合法。他不知道父亲是否会让他成为仆人，还是厌恶地拒绝他。尽管如此，这个可怜，肮脏，一无所有的男人还是踏上了回家的漫长旅程。

儿子不知道，父亲每天都在等待他的归来。当年轻人离家还有一段距离时，父亲就在远处发现了他的身影。在他还没到家时，父亲就冲出来拥抱他，热情地亲吻他。年轻人迫切地想向父亲忏悔自己的不配和罪过，但父亲只想为儿子的平安归来感到高兴。仆人们奉命为儿子穿上最好的长袍，给他戴上戒指，并为他光着脚穿上凉鞋。然后，父亲举办了一场盛大的宴会，以最好的食物来欢迎儿子回家。这是一场无与伦比的庆祝活动。

与此同时，长子在田里辛苦劳作了一天，很快回到家。他听到了欢快的音乐，歌声和舞蹈，当他询问仆人时，仆人告诉他，父亲为庆祝弟弟平安回家举办了一场盛大的对。长子非常生气，拒绝参加，父亲恳求他，但无济于事。他痛苦地抱怨道："我为你工作这么辛苦，这么长时间。我感觉自己像个奴隶。我不敢违抗你。然而，我不确定你会不会给我一点东西，让我和我的伙伴们一起庆祝。现在，你这个可恶的儿子却挥霍你的财富，犯下罪恶，而你却大派对！"

父亲回答说："儿子，你和我永远在一起。我的一切都是你的。我的财富任你支配。但我们需要庆祝你弟弟。他以前不明白做儿子的意义。但现在他明白了！"

请注意，*两个儿子都表达了未得到满足的安全感和重要性需求，这*导致他们自我价值感低下。像我们许多人一样，长儿子通过努力工作和遵守法律来获得自我价值。但他越走这条路，就越感到不安。他看不到现实，即作为长子，他拥有与生俱来的所有祝福。他感到自己不合法，因为他的行为举止就像奴隶，尽管没有人要求他这样做。他对努力工作和遵守法律的强调导致他缺乏快乐和恐惧。他甚至不敢动用父亲的一点资源，他将恐惧转化为对父亲的深深压抑的愤怒。他觉得父亲没有给予他应有的肯定。

与此同时，小儿子像我们中的许多人一样，认为没有父亲他也能做得更好。他想靠自己闯出一片天地，但讽刺的是，他需要父亲的财富才能走上这条路。小儿子一无所有，他用父亲的财富来满足内心对意义的渴望。但当财富失去时，他也失去了培养出的虚假意义感。小儿子还遭受了不合法感，但他的不合法感来自与父亲的疏远。这导致他失去了自我价值，并产生了深深的羞耻感。他的羞耻感使他无视现实，即尽管他做出了错误的决定，陷入了灾难性的境地，但他的父亲仍然可以满足他对安全和意义的需要，重建他的自我价值。

凝视天父的脸庞，治愈我们未满足的内心需求

我注意到，远东地区的许多社会都存在"父亲缺席"的问题。在这些国家教授心理健康知识时，当我向人们介绍他们的上帝天父之爱时，他们所表现出的反应总是让我感到惊讶。看到年长的男女在学会凝视天父的脸庞并回应圣灵的触摸时哭泣和跳舞，那种喜悦是无法形容的。我的许多基督教患者也是如此，当他们开始意识到上帝离他们并不遥远时，上帝并没有不悦，愤怒或冷漠。恰恰相反，祂的心渴望祂的孩子们，祂耐心地等待着我们分享祂的怀抱。我见过无数人摆脱长期的精神健康问题和深切的悲伤，他们在天父面前找到了真正的价值和身份。

凝视天父的脸庞的灵修练习

练习一：认识我们的阿爸天父

1. 摆出"静默与认识"的精神姿态，然后阅读《浪子回头的寓言》，就像这是你第一次读到它一样。
2. 请求阿爸父向你展示祂的脸庞。用自己的语言列出阿爸父的特征。
3. 与下面的列表进行比较，看看是否有任何一致之处：
   - 祂富有怜悯，仁慈和爱（第12节）
   - 祂随时准备，愿意并有能力治愈（第20节）

- 祂能够做到超乎我们想象, 远远超出我们的期望(第22和23节)
- 与阿爸父一起总是有重新开始的机会(第24节)
- 祂时刻与我们同在(第31节)
- 祂拥有的一切都是我的(第31节)

4. 在你的*安全之地*或*灵性空间*(参考第12章), 邀请阿爸父向你展示祂慈爱和善良的更深层知识。
5. 记录你的灵性体验。
6. 在日常工作中保持对*灵性空间*的感知, 在日常生活中接受阿爸父, 因为祂会在你的日常活动中彰显祂的善良。你不妨将*浪子回头的寓言*中领悟的真理应用到自己的身上:

例如, "我宣布我的阿爸父充满仁慈, 善良和爱。祂随时准备, 愿意且有能力治愈。祂能做到远远超出我期望的恢复。在阿爸父里总是有一个新的开始。祂一直与我同在, 祂的一切都是我的。

你也可以对自己说出《民数记》6:24-26中的亚伦祝福:

例如, "愿耶和华赐福给我, 保护我。愿耶和华使祂的脸光照我, 赐恩给我。愿耶和华向我仰脸, 赐我平安。

练习二: 向我们的阿爸父寻求满足我们内在的需求

1. 以虔诚的态度阅读《*浪子回头的寓言*》, 就像你第一次读它一样。
2. 思考我们的需求可以在阿爸父那里得到满足的真理:
   - 最好的袍子: 象征正义, 满足我们对*安全感*需求(第22节)。
   - 戒指: 象征阿爸父的授权和力量, 满足我们对*意义感*需求。
   - 凉鞋: 只有阿爸父的孩子才能拥有的奢侈品, 满足我们对*自我价值感*的需求。
3. 在你的*安全之地*, 请求阿爸父向你揭示祂如何满足你对安全感, 意义感和自我价值感的需求。你可能喜欢沉浸在以下诗篇中:
   - 诗篇23(关于安全感)

- 诗篇8(关于意义感)
- 诗篇139:13-18(关于自我价值感)

在你的灵性意识中保留以下"锚定"经文：

- 关于安全感:耶和华是我的牧者,我必不至缺乏(诗篇23:1)。
- 关于意义感:你已赐我荣耀和尊贵(诗篇8:5)。
- 关于自我价值感:我受造, 奇妙可畏;你的意念向我何等宝贵(诗篇139:14, 17)。

4. 请阿爸父在你的日常工作和任务中向你展示祂的良善。然后, 在每天结束时, 怀着感恩的心, 感谢阿爸父在你从事的日常活动中满足了你的需求。

练习三：凝视父亲的脸庞, 审视我们的合法性

就像那对兄弟一样, 我们内心未得到满足的需求会引发一种不合法的感觉。我们可能会努力获得财富和权力地位, 以弥补我们对于安全和重要性的需求。但内心往往仍存在空虚, 导致羞耻和愤怒, 我们带着低下的自我价值感四处走动。我们身边的人感到困惑, 认为如果他们拥有我们所拥有的一切, 一定会非常幸福。的确, 在我的实践中, 我遇到过许多富有且成就卓越的患者, 他们外表高大, 内心却感到渺小。他们无法克服内心的羞耻感, 觉得自己是个伪君子。对于我的基督教患者, 我会在治疗中陪伴他们, 特别关注天父的脸庞, 寻求治愈。你也可以在自己的安全之*地*进行这种精神练习：

1. 保持一种静默的心灵状态, 期待着与天父面对面。
2. 虔诚地阅读《浪子回头的寓言》, 就像第一次读一样。
3. 看看你是否能够理解两个兄弟的感受以及他们不合法的观念。
4. 邀请圣灵向你揭示你的心灵感受;是否有羞耻, 愤怒或狂怒。
5. 请圣灵将天父的话语传达给你:"你常与我同在, 我一切所有的都是你的。"(第31节)让你的心灵沉浸在父的真理中。
6. 请阿爸父在日常生活中向你展示祂的良善。然后, 在你的日常生活中, 每当看到父的良善时, 要有意识地意识到这一点。你可以记录你的体验在日记上。

7. 最后, 在晚上睡觉前, 怀着感激之情承认天父的仁慈。

～

我的一位病人请求阿爸天父展示祂的仁慈, 他感觉自己被带到了一个巨大的谷仓, 耶稣就在那里。他明白这意味着他是天父的继承人, 就像耶稣一样。另一位病人看到自己与阿爸天父一起出现在花园里, 她看着天父的脸。

至于我, 当我看着阿爸父的脸时, 我看到祂在为我歌唱。几年前, 我在悉尼一家著名的疗养中心参加了一次心灵疗愈静修会, 就发生了这件事。从周五晚上到周日下午, 整整一个周末, 我与另外三名参与者共用一间汽车旅馆式的房间。当我第一次入住时, 房间里没有人, 但我的床上有一段《圣经》经文:

> *耶和华你的神是施行拯救, 大有能力的主! 他在你中间必因你欢欣喜乐, 默然爱你, 且因你喜乐而欢呼。*
>
> *----西番雅书3:17*

几乎立刻, 我的心灵就看到了阿爸父在我头顶跳舞, 唱歌, 充满喜庆和欢腾。当时我认为这是不敬的, 甚至可以说是亵渎的, 所以拒绝了。但这个动人的画面从此留在了我的心灵深处。仿佛阿爸父将之铭刻在我的灵魂深处。这件事让我意识到, 我就像《寓言》中的哥哥一样, 通过努力工作和遵守法律来获得自己的合法性。阿爸父预见了我后来的心灵体验, 并为此做好了准备。这就是阿爸父的慈悲。

如今, 每当我进入心灵空间, 凝视他的脸庞时, 我都能看到阿爸父对我的喜爱。现在, 我努力在主的恩典与和平中生活, 因为"他使他的脸光照我, 使他的脸向我仰起"(民数记6:24-26)。

那么, 当你凝视阿爸父的脸时, 你看到了什么?祂有一张巨大的心肠和祂对我们的思念比海边的沙粒更多(诗篇139:17-18)。当你抛开焦虑, 恐惧和未满足的内心需求时, 你了解祂对你的心意吗?

我相信, 在我们内心深处, 我们所有人都渴望看到阿爸父的脸庞; 渴望体验祂对我们的肯定, 认可和喜悦, 渴望知道自己是有价值的。矛盾的是, 我们的焦虑问题和恐惧虽然痛苦, 却能带领我们踏上治愈之旅, 最终看到阿爸父的脸庞——知道祂是永远善良(出埃及记33:18-19),

祂召唤我们成为祂的孩子。这时，我们的神学变成了个人的启示——我们深刻地理解到，我们与基督紧密相连，基督与父及我们紧密相连，我们与我们的阿爸父紧密相连(约翰福音14:20)。这是我们摆脱焦虑和恐惧的最终自由。

关于作者

黄医生起初是专业妇产科，但由于妇产科医生的生活方式过于艰苦，在教授的鼓励下，他决定改行从事精神病学。他对儿童和青少年工作的热爱使他专注于儿童和青少年精神科，自那以后，他在这个决定上就再没有动摇过。黄医生热爱他的工作，并感到能在患者的生活中发挥积极影响是他的荣幸。

黄医生的妻子格拉西亚是一名退休医生。他们有两个已成年的孩子，三个漂亮的孙女和一个可爱的小孙子。工作之余，黄医生喜欢阅读，学习新语言，烹饪，种菜，旅行，与格拉西亚一起探索自然，以及与家人共度时光。他和格拉西亚一起在悉尼和海外主持祈祷活动。他坚信使命，在悉尼和海外地区（如东南亚和远东）从事精神病学教学和祈祷工作。

黄医生坚信个人赋权和自助。他有一个专门的网站"健康心智概念"（www.healthymindconcepts.com），用于与公众分享他的心理健康知识和持续学习。他还有一个专门的网站"黄锦成医生"（www.drkamwong.com）。这一个专门的网站是用于探讨心理健康和灵性方面的问题。

黄医生希望花更多时间写书，在临床实践之外进一步分享他的知识和经验。

公众可通过drwong@drkamwong.com联系黄医生。

健康心智概念
(Healthy Mind Concepts)

　黄锦成医生通过他的网站"健康心智概念"
（healthymindconcepts.com）在线提供有关心理健康问题的免费
教育文章。他还推荐了一系列应用程序，如焦虑症工具包，痛苦情绪工
具包，压力工具包，平静优化器等，用于解决一系列心理健康问题。这
些程序不能替代心理健康专家对心理健康问题的临床治疗，但它们是
辅助治疗的实用自助工具。它们是为那些有兴趣在心理健康管理中发
挥更积极作用的人设计的。

致谢

在写这本书的过程中，我得到了我亲爱的妻子格拉西亚的鼎力支持，在此深表感谢。格拉西亚是我坚强的后盾。她一直鼓励我从事基督教事工，在我的事业和生活中，她是我最得力的支持者。格拉西亚，谢谢你让我接触到祈祷事工，无论是作为接受者还是给予者。在悉尼和海外分享我们共同的使命和祈祷事工是一种快乐。感谢你的坚定。

www.ingramcontent.com/pod-product-compliance
Lightning Source LLC
Chambersburg PA
CBHW021204130626
46554CB00005B/1975